hänssler

SVEN WARNK

Praxisbuch

Neue Anspiele
zu biblischen Texten

- Brandneue Anspiele
- Wie schreibt man Anspiele?
- Anspiele mit Kindern gestalten
- Ad hoc — Kurzanspiele
- Frozen Pictures
- Anspiele vom Christival

Der Autor

Sven Warnk, Jahrgang 1972, Beruf: Gelernter Fach- und Sortimentsbuchhändler, Studium: Ev. Theologie in Hamburg, Marburg, Tübingen und als »Bengel« im Albrecht-Bengel-Haus, Theater: Viele Jahre als Anspielautor- und Darsteller tätig. Anspielworkshops- und Schreibseminare in Gemeinden, Bibelschulen und auf dem Christival.

Der Autor kann auch für **Schreib- und Anspielworkshops** gebucht werden:
E-Mail: sven.warnk@gmx.de
Tel.: 0178/404 32 12

Außerdem ist vom Autor im Hänssler Verlag erschienen:
Anspiele zu biblischen Texten (2000)
Bestell-Nr. 393.618
ISBN 3-7751-3618-5

Hänssler-Paperback
Bestell-Nr. 393.920
ISBN 3-7751-3920-6

Die Bibelzitate sind der »Luther-Übersetzung (1999)« entnommen.

INHALT

VORWORT

»Mach ein Fenster dran!«, sagte man uns Pfarrerkandidaten in den Praxisübungen des Predigerseminars. »Die Inhalte deiner Ansprache können noch so richtig sein, wenn die Rede nicht bildhaft ist, geht sie höchstwahrscheinlich am Hörer vorbei!«

Der Hörer des Gottesworts soll durch Bilder angesprochen werden. Was man nur hört, steht in Gefahr, ins eine Ohr hineinzugehen und direkt durchs andere wieder zu entschwinden. Was dagegen ins Auge fällt, geht eher ins Herz, bewegt eher die Gedanken, bleibt eher im Kopf.

Ich würde jetzt gern ein leidenschaftliches Plädoyer halten für die Anschaulichkeit der verkündigenden Rede, aber darum geht es hier nicht.

Der Autor dieses Buches, Sven Warnk, will die Predigt unterstützen, den Prediger entlasten – durch das anschauliche Angebot seiner neuen Anspiele zu biblischen Texten. Manchmal habe ich als Redner »ein Brett vor dem Kopf« – dann kann ich einen brauchen von den »Brettern, die die Welt bedeuten«.

Gott soll auf diese Weise ins Gespräch der Welt gebracht werden. Menschen meiner Umwelt soll durch die Anspiele ein Licht aufgehen. Sie sollen erfahren, um wen's und worum's bei Jesus geht.

Sven Warnk, ein Nordlicht, gibt Leuchtzeichen für Leute in Gottesdiensten und bei evangelistischen Veranstaltungen. Seine Anspiele sind erhellende Hinführungen zu Texten und Themen der Heiligen Schrift. Der Verfasser macht in großer Vielfalt »ein Fenster dran«.

So können die Hörer besser sehen, was der Prediger sagt – und haben es dementsprechend leichter, in das Haus der Bibel, in das geheimnisvolle Gebäude des Gottesworts hineinzuschauen.

Zwei Aspekte gefallen mir besonders:

Erstens: Sven Warnk möchte nicht, dass die interessierte Leserschaft nur seine Vorschläge nachspielt. Vielmehr sollen seine Vorgaben als inspirierende und ermutigende Impulse verstanden werden, selbst Anspiele zu entwickeln und also selbstständig auf den Brettern zu stehen. Hilfe zur Selbsthilfe – das ist und bleibt ein guter Grundsatz!

Zweitens: Die Arbeitshilfe trägt mit dazu bei, möglichst viele Menschen aktiv in Gemeindegestaltung einzubinden. Auch heute drohen Gemeindeveranstaltungen »One-man-shows« zu werden. Warnk hält dagegen, indem er für viele in unseren Gemeinden dafür Begabte (oft wissen wir gar nicht um die verborgenen Talente, gerade bei dieser Art der Kunst) das Forum der dramatischen Darstellung erschließt.

Dass es Warnk freilich auch mit seinem neuen Buch nicht um »Show« oder um Theater um des Theaters willen geht, muss ich nicht betonen. Wer zu lesen beginnt, merkt schnell, was dem Autor wichtig ist. Nichts anderes sollen diese Seiten bewirken als das, was der Apostel Paulus damals so formulierte: »Gott ... hat einen hellen Schein in unsere Herzen gegeben, dass durch uns entstünde die Erleuchtung zur Erkenntnis der Herrlichkeit Gottes in dem Angesicht von Jesus Christus« (2. Kor 4, 67).

Ulrich Scheffbuch

Ulrich Scheffbuch ist Pfarrer in Filderstadt-Bernhausen und leitet zusammen mit Volker Gäckle die großen Jugendgottesdienste in der Stuttgarter Stiftskirche.

EINFÜHRUNG

Wir können's ja nicht lassen ... — oder wie wir von Jesus erzählen sollen

Wie sollen wir von Jesus erzählen? Wie können wir in der richtigen Art und Weise das Evangelium verkündigen? Was muss man tun, damit die Gute Nachricht ansteckend wirkt und das Herz erreicht? Auf diese Fragen haben viele schon Antworten gegeben, doch ist so wenig Begeisterung und Faszination bei ihnen spürbar. Man bekommt das Gefühl, als sei die Verkündigung eine Frage der »richtigen« Methode, der »korrekten« Verfahrens- und Vorgehensweise.

Als Petrus und Johannes im Jerusalemer Tempel predigten (Apg 4), ließ man sie festnehmen und brachte sie am darauf folgenden Tag vor den Hohen Rat, um sie zu verhören. Ihnen wurde vorgeworfen, *dass sie das Volk lehrten und verkündigten an Jesus die Auferstehung von den Toten* (Apg 4, 2). Sie drohten Petrus und Johannes, nachdem das Verhör beendet worden war und der Hohe Rat sich besprochen hatte, *und geboten ihnen, keinesfalls zu reden oder zu lehren in dem Namen Jesu* (Apg 4, 18). Doch Petrus und Johannes antworteten ihnen: *Wir können's ja nicht lassen, von dem zu reden, was wir gesehen und gehört haben* (Apg 4, 20).

Die beiden Jünger waren hingerissen von dem, was sie selbst erfahren hatten. Begeistert wollten sie es weitergeben. Sie konnten nicht schweigen. Ihr Zeugnis führte viele Menschen zu Jesus Christus.

Ich habe mich sehr über die positive Resonanz auf mein erstes Anspielbuch gefreut. Doch musste ich auch immer wieder feststellen, dass die Verwendung von Anspielen in Gottesdiensten und bei anderen Gelegenheiten instrumentalisiert wurde. Jede Veranstaltung musste nun ein Anspiel haben, damit sie als dynamisch und kreativ gelten konnte.

Dabei kam häufig die Authentizität zu kurz. Wie wir von Jesus erzählen sollen, ist keine Frage der Methode, sondern eine Frage der Begeisterung über das, was wir selbst mit Gott erlebt und erfahren haben. Erst durch die tägliche Begegnung mit Gott, indem wir immer wieder seine Annahme und Motivation zum Leben erfahren, können wir ein glaubhaftes Zeugnis von der Guten Nachricht auch anderen geben.

Paulus schreibt an die Gemeinde in Rom und somit auch an uns: *Seid nicht träge in dem, was ihr tun sollt. Seid brennend im Geist. Dient dem Herrn. Seid fröhlich in Hoffnung, geduldig in Trübsal, beharrlich im Gebet* (Röm 12, 11 + 12). Damit ist das Entscheidende gesagt: Wir sollen Gott dienen, indem wir fröhlich und geduldig unseren Glauben leben. Der Geist Gottes in uns motiviert uns, schenkt uns Freude und Begeisterung. Wenn diese Begeisterung ihren Ausdruck in der Verkündigung bei einem Anspiel findet, dann wird die gute Nachricht von Jesus Christus sicher auch einen Weg zu den Herzen der Menschen finden.

Ich wünsche allen Anspielautoren und -darstellern viel Freude beim Schreiben und Spielen. Möge die lebendige Beziehung zu Gott ihre Motivation und Antriebsfeder sein.

Sven Warnk

Anspiele entwickeln und schreiben lernen — entdecke deine Kreativität

Am Anfang ...

Wenn wir einen Gottesdienst, eine Evangelisation oder eine Gemeindeveranstaltung planen, überlegen wir uns dazu meistens ein Thema oder einen Bibeltext. Damit soll der rote Faden, die Aussage der ganzen Veranstaltung gekennzeichnet werden. Wenn es dazu auch ein Anspiel geben soll, erweist sich die Suche nach einem geeigneten Stück meistens als schwierig. Oftmals passen die vorhandenen Anspiele nicht zum Thema oder treffen nicht die erwünschte Aussage. Wenn wir dann mutig beginnen, ein eigenes Stück zu entwickeln, bemerken wir nicht selten, dass selbst eine kleine Spielszene viele Überlegungen erfordert, damit sie auch tatsächlich den gewünschten Effekt erzielt und zum Herzen des Zuschauers vordringt. Das liegt daran, dass der Anspielautor gewisse Regeln des Schreibens von Anspielen kennen muss.

Im folgenden Kapitel möchte ich einige allgemeine Grundlagen und einige spezielle des Schreibens von Anspielen vermitteln und Handreichungen geben, die dem Anspielautor helfen sollen, seine **Anspielideen erfolgreich umzusetzen** oder auch vorhandene Stücke umzuarbeiten und dem eigenen Ziel anzupassen. Darüber hinaus hoffe ich, dass wir gemeinsam entdecken, dass das Schreiben nicht nur eine fromme Zweckerfüllung ist, sondern eine Möglichkeit, unsere Kreativität zu entdecken. **Unsere Kreativität aber ist ein Schlüssel, uns selbst und unseren Glauben besser zu verstehen.** Wenn wir uns auf diesen Prozess einlassen, kann das Ergebnis in unsere Umgebung ausstrahlen und die Anspiele werden ein Segen für andere werden.

Vielleicht kann sich so mancher Leser gar nicht vorstellen, dass er zum Schreiben überhaupt in der Lage ist, weil die Versuche ein Stück zu schreiben, immer nur mit Enttäuschungen belohnt wurden. Einige Leser erinnern sich bestimmt mit Grausen an ihre Schulzeit, in der die quälend langweiligen und zähen Aufsätze und Schreibübungen den Spaß am Schreiben nicht gerade gefördert haben.

Gerade die Kurzform des Anspiels kann Ihre Chance sein, das Schreiben ganz neu zu entdecken! Anspiele zu schreiben ist nämlich nicht nur eine funktionale Sache, die gemacht werden muss, um eine Gemeindeveranstaltung ein wenig »aufzupeppen«, sondern Sie können sich als Autor durch das Schreiben einem Thema intensiver nähern und es verstehen. Ein Anspiel kann aber auch unsere unbeantworteten Fragen enthalten, unsere Zweifel und unfertigen Gedanken. An dem Zweifel und an der Frage können wir wachsen. Das Schreiben von Anspielen ist damit also auch für uns eine Möglichkeit, unser Glaubenswachstum zu fördern.

Nur Mut, gehen Sie auf Entdeckungsreise! Das Schönste dabei ist, dass Sie nicht nur **selbst im Glauben wachsen** können, sondern damit auch andere anregen, über ihren Glauben neu nachzudenken. Anspiele visualisieren biblische Themen und Fragestellungen des Glaubens und sind letzlich immer Fingerzeige auf die Gute Nachricht von Jesus Christus. Indem Sie dieses neue Land des Schreibens betreten, können Sie auf eine ganz besonders anschauliche Art **Verkündiger des Evangeliums** werden. Entdecken Sie eine ganz neue Gabe Gottes! Für Ihren persönlichen Glauben und Ihre Gemeinde wird es ein Gewinn sein. Entdecken Sie Ihre Kreativität!

Kreativität ist Mut, etwas zu tun,
was man noch nie versucht hat.
(Anonymus)

Wie wird aus einem leeren Blatt ein volles?

Das Wort **Kreativität** kommt aus dem Lateinischen und bedeutet so viel wie »schöpferische Kraft«. Das Produkt daraus, eine »Kreation«, ist die Schöpfung, die Schaffung einer ganz neuen Sache. Kreativität ist nicht »machbar«. Es gibt keinen bestimmten Zustand, in dem jeder Mensch besonders »schöpferisch« ist. Einige brauchen Druck und Stress, andere wiederum Ruhe und Ausgeglichenheit. Egal, zu welcher der beiden Gruppen wir uns zählen, wir benötigen unsere Fantasie. Manche Menschen haben sehr viel Fantasie. Ihnen fällt es leicht, Dinge zu erfinden, zu träumen und zu assoziieren. Andere tun sich damit schwer. Sollten wir zur letzten Gruppe gehören, so heißt das nicht, dass wir nie in der Lage sein werden, Kreativität zu entwickeln, geschweige denn ein Anspiel zu schreiben. Wir müssen nur unsere Fantasie ein Stück weit schulen, ihr auf die Sprünge helfen.

Um diesen Prozess zu starten, sollte sich zunächst jeder »Kreative« ein **Notizbuch**, ein Kladde, ein Heft oder Ähnliches zulegen, damit die aufkommenden Fantasieprodukte, Assoziationen und Ideen nicht sofort wieder verschwinden. Dieses Heft sollte immer in unserer Nähe sein, damit wir sofort die kreativen, aber leider meistens flüchtigen Gedanken aufschreiben können. Diese einfache »technische« Voraussetzung ist ein nicht zu unterschätzendes Hilfsmittel. Unser Notizbuch wird im Laufe der Zeit eine umfangreiche Ansammlung an Fragmenten, Gedanken, fantastischen Ideen und Assoziationen werden, die wir brauchen, um unseren kreativen Prozess für ein Anspiel konsequent fortzusetzen. Diese große Stoffsammlung hilft uns auch in Zeiten, in denen wir uns ausgebrannt und völlig unkreativ fühlen.

Fantasieren und assoziieren kann man überall und in jeder Situation, bei der Arbeit, beim Joggen, sogar beim Zuhören oder Lesen. Wichtig ist nur, dass wir uns eine Möglichkeit schaffen, diese Gedanken zu bewahren und dann auch den

Mut haben, sie sofort niederzuschreiben, ansonsten sind unsere Assoziationen wie Träume, die meistens nach dem Aufwachen schon kurze Zeit später verschwinden, wenn wir sie nicht sofort festhalten. Selbst Träume können Ideengeber sein. Der Dichter Gerhart Hauptmann zum Beispiel hat viele seiner Träume, wenn er in der Nacht oder am Morgen aufgewacht ist, in Stichworten an die Wand neben seinem Bett geschrieben. So manche Notizen, die später Eingang in seine Romane fanden, sind dort heute noch zu bewundern. Fangen wir also an, unsere Fantasie zu schulen und Kreativität freizusetzen!

Greifen Sie zu Notizbuch und Stift, begeben Sie sich an einen Ort, an dem Sie sich so richtig wohl fühlen, und schaffen Sie sich eine Umgebung, einen Schreibtisch, eine Ecke, einen Platz, der für Ihren persönlichen kreativen Prozess besonders förderlich ist.

✎ Wir starten mit einer ganz einfachen **Assoziationsübung**: Schauen Sie sich die unten stehenden Symbole genau an. Sammeln Sie zu jedem Symbol alles, was Ihnen spontan einfällt. Schreiben Sie es in vier Spalten nebeneinander. Nehmen Sie sich dafür etwa zehn Minuten Zeit.

Kennzeichnen Sie nun bestimmte Worte aus Ihren Wortreihen, die Sie zu einer kleinen Geschichte kombinieren wollen. Schreiben Sie eine kleine Geschichte, egal ob Bühnenstück oder Prosa, zu den obigen Symbolen und nehmen Sie sich dafür ungefähr 15 Minuten Zeit. Achten Sie dabei nicht auf

Stilistik, Rechtschreibung, Grammatik oder logischen Handlungsgang. Schreiben Sie einfach spontan los, und lassen Sie Ihrer Geschichte freien Lauf.

Sie werden über die Menge an Assoziationen staunen, die Ihre Fantasie hervorgebracht hat und feststellen, dass Sie schon nach sehr kurzer Zeit eine ansehnliche Geschichte schreiben konnten.

Vielleicht haben Sie gemerkt, dass das **Brainstorming** zu den Symbolen eines der wichtigsten Elemente Ihres kreativen Prozesses war. Es ist vor dem Schreiben eines Anspiels unerlässlich. Während das Brainstorming eine Methode ist, seine spontanen Einfälle zu einem Thema einfach herunterzuschreiben, gibt es noch andere Varianten, die ebenfalls unser kreatives Arbeiten unterstützen können, z. B. Wortnetzwerke (Cluster) bilden.

✎ Wir bilden ein **Wortnetzwerk**:
Schreiben Sie »Jesus« in die Mitte eines Blattes. Kreisen Sie das Wort ein. Es ist die Wurzel unseres Wortnetzwerkes. Versuchen Sie, alle Dinge, Erlebnisse und was Ihnen sonst noch einfällt mit diesem Wort zu verknüpfen. Schreiben Sie das jeweilige Stichwort um das Kernwort herum, kreisen Sie es ein und verbinden Sie es mit der Wurzel.

Assoziieren Sie nun weiter, und verbinden Sie neue Gedanken mit den bereits niedergeschriebenen Stichworten. Führen Sie dies so lange fort, bis sich die Assoziationskette nicht mehr weiterführen lässt. Kehren Sie dann zur Wurzel zurück und beginnen Sie von neuem. Sie können auch das Wortnetzwerk verfeinern, indem Sie die Worte noch durch andere Symbole umrahmen (z. B. Dreiecke, Doppelkreise usw). Dadurch können Sie besondere Entwicklungen in Ihrem Wortnetzwerk deutlich machen. Innerhalb von kurzer Zeit entsteht eine mehr oder weniger verästelte Struktur. Diese Struktur können Sie gut überblicken, und sie hilft Ihnen, die Gedanken zu einem Thema zu ordnen und vollständig darzustellen. Aus diesen mannigfaltigen, verästelten Assoziationen können die Ideen für ein Anspiel sehr gut wachsen, und Sie haben die Sicherheit, dass Sie nicht den Kontakt zum Hauptthema, zur Hauptaussage verlieren.

Nehmen Sie sich ungefähr zehn Minuten dafür Zeit. Schreiben Sie anschließend eine kurze Geschichte, die »Jesus« als Ziel hat, und verwenden Sie dabei die Gedanken Ihres Netzwerkes. **Der Ausgangspunkt, die Wurzel wird zum Ziel Ihrer Geschichte.** Das ist eine Regel, die später beim Schreiben von Anspielen noch sehr wichtig werden wird.

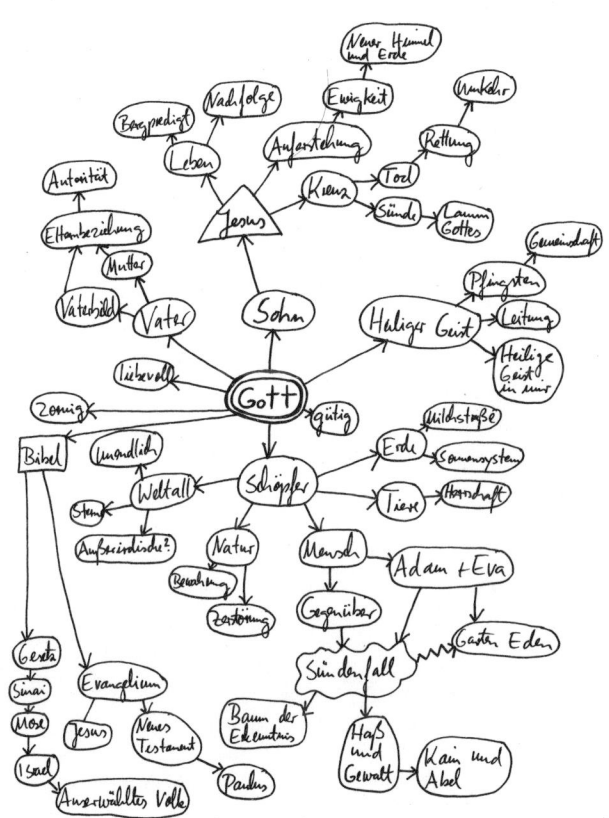

Nachdem Sie die kleine Geschichte geschrieben haben, können Sie noch eine Variation einbauen. Achten Sie darauf, dass das Wort »Jesus« nicht in der Geschichte vorkommt. **Lassen Sie den Zielpunkt offen.** Damit üben Sie gleichzeitig, eine uneindeutige und deshalb spannendere Geschichte zu erzählen und eine weitere Regel für das Schreiben von Anspielen zu beherzigen, nämlich die Lösung nicht vorwegzunehmen.

Wie schreibe ich einen Anspieldialog?

✎ Wir steigen mit einer einfachen **Dialogübung** ein: Betrachten Sie das unten stehende Bild. Überlegen Sie sich, über was die beiden reden. Schreiben Sie in ungefähr zehn Minuten einen möglichen Dialog der beiden Figuren. Setzen Sie sich keine Schranken. Jedes Gespräch ist möglich!

Vielleicht machen Sie bei dieser Übung die Erfahrung, dass Sie nicht genau wissen, zu welchem Zeitpunkt des Gesprächs Sie starten sollen. Dann kann Ihnen der Vergleich mit einer Kurzgeschichte helfen. **Starten Sie »in medias res«, inmitten der Sache.** Anfang und Ende sind offen. Sie steigen ein, wo es Ihnen beliebt. Schreiben Sie das nieder, was Ihnen beim Betrachten spontan in den Sinn kommt. Haben Sie Mut, auch das Ende eines Anspiels offen zu lassen. Der Prediger kann hier hervorragend anknüpfen.

Eine Prise **Humor** kann Ihnen behilflich sein. Das Lachen ist ein wichtiger Bestandteil der Anspiele. Nicht jedes Anspiel muss ernst sein und uns schwer zu Herzen gehen. Mit Humor können Sie sogar oftmals viel besser ein vermeintlich ernstes Thema ansprechen. Auch Kritik lässt sich durch eine Satire oder eine Albernheit viel besser transportieren. Die Menschen lassen sie dann eher zu und sind für ein anschließendes »ernstes« Wort offener. Wir können eingefahrenes Rollenverhalten durch Humor aufbrechen.

Komik bringt zwei Welten zusammen: die natürliche und die von uns erschaffene, »zivilisierte«. Wir können unsere Verhaltensweisen und unseren übertriebenen Ernst enttarnen, wenn wir beide Welten miteinander konfrontieren. Wenn wir unseren Idealismus mit dem Natürlichen verbinden, kommt es zu komischen Situationen. Das Lachen kann uns einen. Bei einer Gemeindeveranstaltung sitzen häufig viele verschiedene Menschen im Raum. Humor kann soziale Schranken und unterschiedliche Glaubensauffassungen überwinden. Wenn wir lachen, können wir uns selbst sehen und das bringt uns mit anderen zusammen.

Vielleicht ist das Lachen
eine der größten Erfindungen Gottes.
(Ephraim Kishon)

✎ Diese Übung soll unseren **Humor** ein wenig **schärfen**: Schreiben Sie einen Dialog zwischen zwei Personen, die sich über eine Sache unterhalten, die nur den beiden bekannt ist. Der Gegenstand des Gesprächs wird nicht verraten. Kreisen Sie mit Worten um das tatsächliche Geheimnis. Es kann um etwas gehen, dass völlig anders ist, als das, was wir kennen. Es kann z. B. sein, dass sich plötzlich ein Naturgesetz verändert hat, das wiederum peinliche Auswirkungen auf das Leben der beiden Protagonisten hat.

Eine **Satire** hat eine enthüllende Funktion. Ein Satiriker begibt sich häufig in die Position des Gegners. Er führt die Zuschauer in seine Sichtweise ein und enthüllt nach und nach die Wahrheit über die dargestellte Person oder den Sachverhalt. Es soll aber nicht nur kritisiert werden, sondern die Satire soll dem Zuschauer die Kurzsichtigkeit einer Sache deutlich machen.

✎Wir schreiben eine kleine **Satire**:
Stellen Sie sich einen **Staubsaugervertreter** vor. Versuchen Sie, über diese Person eine Satire zu schreiben. Versetzen Sie sich in diese. Lassen Sie ihn in voller Überzeugung seine Produkte anpreisen. Beginnen Sie ernst, flechten Sie nach und nach Übertreibungen ein. Überzeichnen Sie nur vorsichtig, und bleiben Sie in der am Anfang gewählten Haltung. Je mehr sich der Satiriker zu »beherrschen« weiß, desto durchschlagender ist seine Satire. Versuchen Sie, die Balance zwischen Übertreibung und Realität zu halten.

Eine Variante dieser Übung ist es, menschliche Verhaltensweisen **aus der Sicht eines Außerirdischen** darzustellen. Schreiben Sie den Bericht eines Außerirdischen über die menschliche Tätigkeit des Essens. Bleiben Sie nüchtern, aber treffen Sie die Punkte, die Ihnen selbst manchmal beim Essen merkwürdig vorkommen. Was darf der Mensch essen? Wie reagiert er, wenn er das Falsche isst? Wie sehen Menschen beim Essen aus?

Um Gefühle von Menschen tatsächlich beschreiben und als Dialog umsetzten zu können, müssen wir lernen, uns in andere Menschen hineinversetzen zu können. Dieses Vorgehen nennt man **Empathie**.

✎ Mit dieser Übung wollen wir an unserer **Empathiefähigkeit** arbeiten:
Stellen Sie sich eine Person vor, die Sie nicht mögen. Schreiben Sie fünf Kritikpunkte an dieser Person auf. Versetzen Sie sich anschließend in die Lage dieser Person, und schreiben Sie fünf Dinge auf, die diese Person an Ihnen nicht gut findet. Vergleichen Sie anschließend beide Auflistungen, und markieren Sie die Übereinstimmungen. Stellen Sie sich die Frage, was Sie aus diesem Vergleich über sich und den anderen erfahren haben.

Schreiben Sie einen Text aus der Sicht des anderen. Wie ist seine Sicht der Dinge? Wie sieht er die Beziehung zwischen Ihnen?

Schreiben Sie in der ersten Person einen Text und wählen Sie sich dazu eine biblische Person aus, die Sie verkörpern wollen. Kennzeichnen Sie Ihre Überzeugungen und Anliegen.

Rufen Sie sich eine Situation der Vergangenheit in Ihre Erinnerung zurück, in der Sie von jemand anderen heftig kritisiert worden sind. Schreiben Sie darüber einen Text **in der dritten Person** aus der Sicht des Kritikers.

Die **Liebe** bewegt die Welt und ist auch immer wieder Thema unserer Anspiele. Wenn wir gute Liebesszenen schreiben wollen, müssen wir unsere eigenen Erfahrungen einbringen. Sich immer wieder in seinen Partner hineinzuversetzen, ist die Aufgabe unseres ganzen Lebens. Denken Sie aber an eigene Freundschaften, die im Streit geendet sind, bei denen das Sich-Hineinversetzen nicht möglich schien. Solche Situationen können wir mit einigem Abstand besser begreifen und bewerten.

✎ Üben Sie sich im Schreiben über die **Liebe!**
Stellen Sie sich vor, Sie stehen am Ende Ihres Lebens. **Sie blicken zurück und schreiben über Ihre erste Liebe.** Schrei-

24

ben Sie über die neuen Gefühle, den ersten Kuss, das Kribbeln im Bauch.

Schreiben Sie anschließend über Liebe und Zärtlichkeit, als wären Sie wieder **acht Jahre alt**. Was verändert sich? Wie ist Ihre Sichtweise?

Die beste Möglichkeit zu lernen, wie wir **Dialoge** schreiben können, ist **anderen Menschen bei Gesprächen genau zuzuhören**. Führen Sie selbst Gespräche, und zeichnen Sie sie auf. Hören Sie anschließend noch einmal genau zu, wie wir Menschen ganz »natürlich« reden. Machen Sie sich eine Wortliste, und verwenden Sie diese für Ihre Anspiele. Dialoge müssen lebendig sein. Wenn Sie nicht dem wahren Leben entsprechen, wirken sie steril und unecht.

Werfen Sie alle Vorbilder über Bord. Natürlich werden Ihnen bekannte Anspiele und Sketche in den Sinn kommen und unbewusst Ihr Schreiben beeinflussen. Versuchen Sie sich soweit wie möglich von diesen Erinnerungen zu lösen. Tauchen am Ende Ähnlichkeiten zu anderen Stücken auf, dann seien Sie mutig und lassen Sie es so. Man kann von den »Großen« nur lernen, und wenn diese einem ein wenig Starthilfe geben, ist das sicher nicht schlimm.

Da **jedes Anspiel ein kleines Bühnenstück** ist, müssen Sie beim Schreiben die Schauspieler, die Bühne und die Zuschauer im Kopf haben. Fangen Sie damit an, sich vorzustellen, wie der erste Darsteller die Bühne betritt und anfängt zu spielen. Wie wirken seine ersten Worte und sein Auftreten? Gehen Sie im Stück immer weiter und stellen Sie sich vor, Sie seien ein Zuschauer. Wie wirkt das Stück auf Sie? Können Sie alles sehen und verstehen? Sie müssen den Ort der Aufführung genau vor Augen haben oder sich eine »Standardbühne« denken. Nur so können Sie beim Schreiben die Schauspieler lenken, drehen, wirken lassen. Beachten Sie dazu auch die darstellerischen Hinweise im letzten Kapitel.

Damit das Stück beim Zuschauer »ankommt«, müssen Sie beim Schreiben das **Zielpublikum** vor Augen haben. Welche Sprache spricht der Zuschauer? Ist es ein jüngeres oder älteres Publikum? Sind Kinder darunter? Eine große Hilfe kann es sein, wenn Sie sich eine Ihnen bekannte Person vorstellen, die potenziell bei dieser Veranstaltung im Zuschauerraum sitzen könnte. Schreiben Sie das Stück nur für diese Person. Es wird 80 Prozent der Anwesenden erreichen!

Lesen Sie das Anspiel, während Sie es schreiben, in Abständen immer wieder von vorne durch. **Stellen Sie Ihrem Text immer wieder Fragen.** Werden diese beantwortet? Wo gibt es Brüche? Wie können Sie noch tiefer in das Gespräch eintauchen?

Mit dieser Methode können Sie logische Fehler im Handlungsablauf vermeiden. »Schieben« Sie sich langsam bis zum Ende vor.

Wie finde ich ein Thema und wie setze ich meine Ideen in ein Anspiel um?

Häufig ist uns Anspielautoren ein Thema vorgegeben. Das sollte uns jedoch nicht daran hindern, ganz frei Anspiele zu schreiben. Solch ein vorhandenes Anspiel kann durchaus auch die Themenfindung in einer Vorbereitungsgruppe bereichern. Noch viel wichtiger ist, dass wir Anspiele nicht nur als Selbstzweck schreiben, sondern weil es uns Spaß macht, uns **mit einem Thema intensiv auseinander zu setzen**.

Wo finden wir unsere Themen? Grundsätzlich können wir zu allen Themen der **Bibel** ein Anspiel schreiben. Doch auch Themen aus der **Politik**, den **Medien** (besonders auch der kirchlichen Presse) und typisch »**fromme**« Themen (z. B. Verhalten in einem Hauskreis) eignen sich hervorragend für Anspiele. Wichtig dabei ist immer unser Notizbuch. Sollten wir etwas Interessantes lesen, müssen wir unsere Assoziation sofort aufschreiben, sonst wird sie nach wenigen Minuten schon verfliegen. Zeitungsausschnitte z. B. kann man auch wunderbar sammeln oder in das Notizbuch kleben und sie mit entsprechenden Vermerken versehen.

Mit den folgenden Übungen möchte ich Ihnen Anregungen geben, wie Sie Themen erarbeiten können. Auch die »Machart« eines Anspiels kann uns zu Stücken anregen. Diese Möglichkeiten können aber auch bei vorgegebenen Themen verwandt werden.

Biografien eignen sich hervorragend für Anspiele. Ob es eine Person der Bibel oder der gesamten Glaubensgeschichte ist, Biografien öffnen uns das Verständnis für den Alltag, für gelebten Glauben. Wir glauben nicht an ein Gesetzbuch oder an Richtlinien, die »vom Himmel« gefallen sind, sondern unser Glaube ist die Frucht der lebendigen Beziehung zu Gott. Wir haben einen lebendigen Gott, und wir selbst sind zweifelsohne lebendige Geschöpfe, die leben, agieren, Dinge in Bewegung setzen, versagen und vorwärts kommen. Ein Anspiel über eine Person der Glaubensgeschichte kann uns Glaubensinhalte ganz plastisch vor Augen führen. Diese betreffen uns ganz persönlich, weil Gott immer Menschen gebraucht hat, die wie du und ich waren.

✎ Wir wollen mit dieser Übung eine kurzes **Lebensbild** einer Person schreiben:

Schreiben Sie eine knappe »Biografie« einer biblischen Person (z. B. Abraham oder Mose) und verwenden Sie die Fakten, welche Ihnen ohne nachzuschlagen oder zu recherchieren vor Augen stehen. Nehmen Sie sich dafür 15 Minuten Zeit.

Anschließend können Sie diese »Biografie« **durch Ihre Recherche verfeinern.** Ziel dieser Übung ist es, dass Sie sich ein Gesamtbild dieser Person vor Augen stellen können. Betrachten Sie also nicht nur den reinen Lebensweg, sondern auch den Weg des Glaubens dieser Person.

Sie können diese Übung variieren, indem Sie sich einen **Gegenstand vorstellen,** der in irgendeiner Weise mit der Person zu tun haben könnte. Setzen Sie ihn in Bezug zu dieser Person, und fragen Sie nach der Geschichte, die er zu erzählen hat. Sie können den Gegenstand auch selbst seine Geschichte erzählen lassen.

Machen Sie nun den letzten Schritt dieser Übung, und schreiben Sie einen **Anspieldialog,** in dem die biblische Person im Gespräch mit einer anderen vorkommt. Verwenden Sie dabei einen Kernpunkt der Biografie, und lassen Sie den erdachten Gegenstand eine Rolle spielen. Nehmen Sie sich für diesen letzten Schritt ausreichend Zeit. Steigen Sie wieder inmitten der Sache ein, und schreiben Sie nicht mehr als eine mit dem Computer erfasste DIN-A4-Seite.

Es ist auch möglich, eine biblische Geschichte eins zu eins umzusetzen. Grundsätzlich ist das die einfachste Art ein Anspiel zu schreiben. Doch steckt in dieser Möglichkeit mehr als wir denken.

✎ Wir wollen in dieser Übung eine **1:1-Übertragung** einer biblischen Geschichte versuchen:

Wir nehmen die Geschichte aus dem Johannesevangelium, in der Jesus dem Priester Nikodemus begegnet (Joh 3, 1–11) und versuchen, den Dialog der beiden in einen Anspieldialog zu übertragen. Dabei versuchen wir den Handlungsgang möglichst genau nachzuzeichnen. Ein sinnvoller Schluss ist dabei nicht wichtig. Wir nehmen uns dafür ungefähr 20 Minuten Zeit.

Es ist sehr »beliebt«, solche Anspiele zu schreiben. Wir können diese Eins-zu-eins-Übertragung jedoch viel interessanter machen, wenn wir etwas **Ungewöhnliches**, eine **Verfremdung** hinzufügen. Wenn wir das Gewöhnliche mit dem Ungewöhnlichen kreuzen, wird unser Anspiel wesentlich mehr Aufmerksamkeit erregen. Übertragen Sie die Szene z. B. in unsere heutige Zeit. Wer könnte der Gesprächspartner Jesu heute sein? Versuchen Sie einmal diese Variante!

Eine weitere Möglichkeit besteht darin, dass wir eine Bibelstelle bewusst verändern, um auf die Aussage aufmerksam zu machen. Der Verkündiger kann dann den Faden sehr gut aufnehmen und zum eigentlichen Ziel der Geschichte führen.

✎ In dieser Übung wollen wir **eine biblische Geschichte bewusst verändern**:

Schreiben Sie einen Anspieldialog über die Begegnung zwischen Jesus und der Frau am Brunnen (Joh 4, 1–26). Versuchen Sie, an das Unmöglichste zu denken, was in dieser Situation hätte passieren können. Hätte plötzlich eine andere Person auftauchen können (z. B. ein Lebensgefährte der Frau)? Hätte nicht Jesus auf die Frau ganz anders (z. B. wütend, verärgert) reagieren können? Schockeffekte sind hierbei durchaus erwünscht. Sie sind ideale Einstiegsmöglichkeiten für den Prediger.

Wenn Sie ganz drastisch werden wollen, machen Sie daraus eine **Seifenoper**. Benutzen Sie stereotype Sätze. Lassen

Sie den Kitsch sprechen. Deutlicher kann die gegenteilige Intention des Gesprächs nicht herausgearbeitet werden.

Science-Fiction fasziniert seit dem 19. Jahrhundert bis heute die Menschen. Eine Fiktion zu erschaffen, über das, was einmal sein könnte, hat seit jeher die Fantasie von Autoren beflügelt. Insbesondere technische Fiktionen lassen in der fantastischen Zukunft das scheinbar Unmögliche möglich werden. Eine klassische technische Fiktion ist die Zeitmaschine. Was wäre, wenn wir in die Zukunft und die Vergangenheit reisen könnten? Solch eine gedachte Zeitmaschine kann auch für unsere Anspiele nützlich sein.

✎ In dieser Übung wollen wir eine **Zeitmaschine** in unser Anspiel einbauen:

Wir stellen uns vor, eine Person des 21. Jahrhunderts würde per Zeitmaschine in die Vergangenheit reisen und zu dem Zeitpunkt erscheinen, als **Jesus vor dem Hohen Rat** steht (Mt 26, 57 – 68). Er mischt sich in das Verhör ein, erklärt, ergreift Partei, verwirrt die Umstehenden, erzählt von der Zukunft. Was wird wohl passieren?

Wir können auch zu einem nicht aufgeschriebenen, fiktiven Hintergrund reisen. Lassen Sie z. B. jemanden zu dem Zeitpunkt reisen, an dem **Paulus** einen seiner Briefe verfasst oder diktiert. Lassen Sie die Person zuhören, eingreifen, mit Paulus diskutieren.

Sie können aber auch eine **biblische Person mit in unsere Zeit bringen**. Konfrontieren Sie sie mit den Personen unserer Zeit, Politikern, kirchlichen Würdenträgern, einfachen Menschen. Was würde sie Ihnen heute sagen?

Setzen Sie eine biblische Person in die Zeitmaschine und lassen Sie sie **durch die Kirchengeschichte reisen**. Was wird die Person wohl zur Entwicklung der Glaubensgeschichte sagen?

Wählen Sie eine der Varianten und schreiben Sie dazu einen Anspieldialog.

Aus einer **Titelzeile**, einem »Aufmacher« oder einem Stichwort kann ein ganzes Anspiel erwachsen. Wenn wir keine Einfälle bekommen, ist es eine große Hilfe, wenn wir einfach Titelzeilen erdenken. Ein Titel, ein Zitat, ein Ausruf kann Anregung für ein spannendes Anspiel werden. Grundsätzlich ist es gut, nachdem Sie Ihr Anspiel geschrieben haben, es mit einem Titel zu versehen. Der Titel kann das Besondere an Ihrem Anspiel kennzeichnen und auch die gesamte Aussage des Stückes bündeln. Damit sorgt er für gedankliche Klarheit. Diese ist beim Abschluss Ihres kreativen Prozesses besonders wichtig, denn Sie sollen mit Ihrer Arbeit zufrieden sein. Der Titel ist Ihr innerer Schlusspunkt.

✎ Wir wollen in dieser Übung ein **Anspiel aus Titelvorgaben bzw. Textvorgaben** entwickeln:

1. Der schmale Weg
2. Das Himmelstor
3. Der Zauberer

Suchen Sie sich einen Titel aus und lassen Sie Ihre Gedanken dazu schweifen. Suchen Sie Parallelen in der Bibel und aus Ihrem eigenen Lebenszusammenhang. Schreiben Sie ein Anspiel, unter das Sie als Schlusspunkt diesen Titel setzen können.

Eine Variante dieser Übung ist es, ein **unvollständiges Zitat aus der Bibel zu nehmen**, z. B. »Und Jesus ging fort mit seinen Jüngern in die Dörfer bei Cäsarea Philippi. Und auf dem Wege fragte er seine Jünger und sprach zu ihnen: Wer sagen die Leute, dass ich sei? Sie antworteten ihm: …« (Mk 8, 27–28). Dichten Sie nun selbst die Antwort, bzw. die Geschichte weiter. Schauen Sie erst nach, wie die Geschichte tatsächlich weitergeht, wenn Sie Ihre eigene Geschichte beendet haben. Versuchen Sie dazu ein Anspiel zu schreiben!

Durch Weiterdichtung von Textvorlagen kann man sehr kreative Anspiele schreiben. Versuchen Sie sich einmal an der **Geschichte vom reichen Jüngling** (z. B. Mt 19, 16–22). **Stellen Sie sich vor, was nach dem Ende der Geschichte pas-**

siert. Was wird der reiche Jüngling zu Hause erzählen? Ist er wütend oder zweifelt er? Wie steht er jetzt zu Jesus? Schreiben Sie dazu einen Anspieldialog mit dem reichen Jüngling und einer fiktiven Person als Protagonisten.

Manchmal ist es gut, wenn wir einen Sachverhalt aus der »**Vogelperspektive**« betrachten. Wir versuchen dann alles so objektiv wie möglich darzustellen. Besonders geeignet dafür ist das Genre des Journalismus.

✎ In dieser Übung wollen wir ein **biblisches Ereignis aus der Sicht eines Reporters** betrachten:
Schreiben Sie eine Reportage zur Geschichte »Jesus und die Ehebrecherin« (Joh 8, 1–11). Ergreifen Sie keine Partei und achten Sie auf eine »politisch korrekte« Darstellung!
Sehr gut eignet sich auch ein Interview mit einer biblischen Person. Laden Sie z. B. Mose in eine **Talkshow** ein und fragen ihn über sein Leben aus. Sie können natürlich auch eine der beliebten Nachmittagstalkshows kreieren (»Sonja am Nachmittag«) und gleich eine ganze Reihe von biblischen Personen bitten, sich zu einem Thema zu äußern.

Politikerreden können spannend sein, aber häufig sind sie mehrdeutig und langatmig. Ideal für ein Anspiel!

✎ Diese Übung soll eine **Politikerrede** zum Gegenstand haben:
Schreiben Sie die Rede von Pontius Pilatus, die er nach der Verurteilung Jesu gehalten haben könnte, oder lassen Sie ihn eine Pressekonferenz abhalten. Orientieren Sie sich an Reden heutiger Politiker. Bundestagsreden enthalten z. B. einen reichen Schatz an Worthülsen und dergleichen.

Krimis sind beliebt. Eine Polizeiuntersuchung ist sachlich und spannend zugleich.

✎ Wir schreiben zu einem Thema eine **Polizeiuntersuchung**:

Denken Sie sich zwei Ermittler. Sie sollen den Tatbestand untersuchen, dass Menschen an Gott glauben. Diesem Phänomen wollen sie auf die Spur kommen. Sie ertappen einen Gläubigen auf frischer Tat, verhören Zeugen, schreiben ein Protokoll, versuchen ein Geständnis zu bekommen.

Sie können auch Polizisten auftreten lassen, die **Paulus und Silas** (Apg 16) verhören, bevor sie vor die Stadtrichter gebracht werden.

Wählen Sie eine Möglichkeit und schreiben Sie dazu einen Anspieldialog.

Dies waren nur ein paar Ideen, wie wir unsere Themen umsetzen können. Es gibt unendlich viele. Fabulieren Sie weiter! Nutzen Sie jede noch so versponnene Idee. Bei der Umsetzung sind Ihnen keine Grenzen gesetzt.

Arbeitsprozess — besondere Merkmale

Zu jedem selbst gewählten oder uns genannten Thema sollten wir zunächst einmal ein **Brainstorming, Wortnetzwerk** oder Ähnliches (s. o.) machen. Bei biblischen Themen sollte dies durch eine kurze **Exegese** ergänzt werden. Dieser Schritt ist unbedingt notwendig, um sich selbst Klarheit über das Thema zu verschaffen und einen eigenen Standpunkt zu finden. Weiter müssen wir die Frage klären, welcher Gedankengang für das Thema am wichtigsten ist. Eine Hilfe können dabei Kommentare, Studienbibeln und Lexika sein. Als Leitlinie können Sie folgende einfache Schritte in der Exegese gehen:

1. Was steht da?
2. Was bedeutet das?
3. Was bedeutet das für mich?

Skizzieren Sie die Grundgedanken, machen Sie keine ausführliche Bibelarbeit daraus. Die Exegese muss mit dem Prediger besprochen und abgestimmt werden, damit am Ende das Anspiel zur Aussage der Verkündigung passt. Die Kommunikation ist hierbei sehr wichtig, damit nachher nicht zwei Aussagen nebeneinander stehen. Sicher können wir ein geschriebenes Anspiel immer noch verändern, aber wir biegen damit etwas zurecht, was in unserem kreativen Prozess zunächst eine andere Ausrichtung haben sollte.

Der **oberste Grundsatz eines Anspiels** ist es, dass das Thema nur »angespielt« werden soll. Das Anspiel soll den Zuschauer in das Thema einführen und zu eigenen Gedanken anregen. **Auf keinen Fall darf das Ergebnis der Verkündigung vorweggenommen werden.** Es wird eine Spannung aufgebaut, die auch am Ende des Anspiels nicht gelöst werden soll. Diese Spannung ist wichtig für den Einstieg des Predigers.

Künstler ist nur einer,
der aus der Lösung
ein Rätsel machen kann.
(Karl Kraus)

Die **Länge** von maximal zwei computergeschriebenen (12 Punkt, 1,5-zeilig) sollte bei einem Anspieldialog nicht überschritten werden. Das Anspiel wird dann ungefähr zehn Minuten dauern und das ist für jede Veranstaltung genau die richtige Zeitspanne. Längere Anspiele stehen in der Gefahr, langatmig zu werden. Die Aufmerksamkeit des Zuschauers lässt nach, und er kann die Fülle an dargestellten Fakten nicht mehr aufnehmen.

Wenn Ihr Werk vollendet ist, **lesen Sie es sich laut vor.** Dabei fallen Ihnen viel besser Ihre Fehler und die sprachlichen und logischen Brüche auf. Auch jemand anderes kann das Anspiel laut vorlesen. Durch das Zuhören können Sie sich besser in die Situation des Zuschauers versetzen. Lassen Sie das fertige Anspiel auf jeden Fall den Prediger lesen und einen Freund, der Sie kritisieren darf.

Ich hoffe, ich konnte Ihnen ein paar Hilfen für das Schreiben von Anspielen geben und Ihren kreativen Prozess in Gang setzen. Wenn Sie Lust auf mehr haben, besuchen Sie doch einmal einen Schreibworkshop! Hören Sie nicht auf zu fantasieren und fabulieren. Entdecken Sie Neuland! Für Sie selbst und Ihre Gemeinde wird es ein Zugewinn sein.

Hier noch ein paar allgemeine Gedanken zum Anspiel:

1. Das Stück muss thematisch *genau* zur Predigt passen. Der Zuschauer registriert logische Fehler und falsche Verknüpfungen zwischen Thema und Anspiel sofort als Negativpunkt.

2. Das Anspiel darf die Schauspieler nicht überfordern. Wen habe ich als Spieler zur Verfügung? Welche Gaben hat er und wie groß sind seine darstellerischen Vorkenntnisse und seine Erfahrung als Schauspieler? Das heißt, der Text darf nicht zu lang sein. Die Aussprache sollte keine großen Komplikationen aufweisen. Die Mimik und das Agieren auf der Bühne muss mit mäßigem Zeitaufwand erlernbar sein.

3. Das Stück darf die Zuschauer nicht überfordern. Es muss klar erkennbar sein, worauf das Anspiel hinausläuft.

4. Das Stück muss in den Räumen spielbar sein, in denen die Veranstaltungen stattfindet. Bei Großveranstaltungen sind die Bühnen häufig so mit Verstärkern, Instrumenten, u. Ä. voll gestellt, dass ein Spielen kaum noch möglich ist. Folgende Fragen sind auch dazu noch wichtig: Benötigen wir Mikrofone? Lässt sich das Stück mit Kabelmikrofonen überhaupt spielen?

Anspiele mit Kindern gestalten

Theater mit Kindern?

Kinder sind wunderbare Schauspieler! Spielerisch lassen sie sich auf Anspiele ein. Erinnern Sie sich an Ihre Kindheit! Bestimmt haben Sie sich manchmal auch verkleidet und wollten jemand anderes sein. Doch das ist nur der Anfang. Auf die Kinder wartet eine spannende Welt, die für sie viele Geheimnisse und neue Erfahrungen birgt.

Wenn Kinder für Kinder spielen, sind sie sich Anregung und Vorbild zugleich. Lassen Sie aber auch Kinder für Erwachsene spielen. Sie können den Erwachsenen sehr wirkungsvoll einen Spiegel vorhalten und gerade im Glauben wirkungsvoll Kritik üben. Das unbeschwerte Spiel der Kinder kann sie zu vertrauensvollem Glauben anregen!

Jesus spricht:
Lasset die Kinder zu mir kommen
und wehret ihnen nicht,
denn solchen gehört das Reich Gottes.
Wahrlich, ich sage euch:
Wer nicht das Reich Gottes annimmt wie ein Kind,
der wird nicht hineinkommen.
(Lk 18, 15–17)

Das folgende Kapitel soll Ihnen als Anspielautoren und -leitern Handreichungen geben, wie Sie die Kinder in die wunderbare Welt des Theaters und der Anspiele einführen und begleiten können.

Wie wir starten können

Kinder sind immer in Bewegung. Sie brauchen für das Spielen viel Platz. **Je größer der Raum ist, desto besser.** Sorgen Sie dafür, dass sich möglichst wenig Gegenstände im Raum befinden. Kinder müssen ihrer Fantasie freien Raum lassen können, nichts sollte sie dabei ablenken. Hilfreich sind nur »einfache« Gegenstände wie Stühle, Tische, Kisten usw.

Achten Sie darauf, dass die Kinder möglichst **bequeme und strapazierfähige Kleidung bzw. Schuhe** anhaben. Sie müssen sich frei bewegen können, wobei sie nicht ständig auf ihre Sachen achten sollen.

Kinder sind »natürliche« Schauspieler. Sie lernen jeden Tag hinzu, indem sie ganz frei Erwachsene nachahmen und im Spiel in verschiedene Rollen schlüpfen. Durch ihre Fantasie können sich die Kinder sehr schnell in bestimmte Situationen hineinversetzen oder zu anderen Orten reisen. Das ist auch der Ansatzpunkt für die Anspiele. Von diesem aus wollen wir konsequent weitergehen. Beachten sie aber, dass die »Vorstellungskapazität« je nach **Alter** unterschiedlich ist. Jüngere Kinder können sich besser in Situationen hineinversetzen und an Orte reisen, während ältere Kinder durch ihren eigenen Erfahrungshorizont bereits die unterschiedlichen Charakterzüge anderer Personen darstellen können. Schon ab drei Jahren können Kinder in Anspiele eingebunden werden (kleinere Nebenrollen). Ausgereifteres Spielen ist erst ab sechs möglich.

Jedes Kind ist eine eigene Persönlichkeit. Es hat oder sucht sich seine **Rolle in der Gruppe.** Einige Kinder leiden unter ihrer Rolle. Gerade sie können durch das Spielen aus ihr ausbrechen. Diese Kinder merken durch das Theaterspielen, dass sie anders sein können. So entsteht ein neues Selbstbewusstsein, dass auch das Gruppenverhalten verändern kann. Die Akzeptanz in der Gruppe steigt. Die Lauten müssen mal leise sein und die Leisen dürfen auch mal ganz laut werden. Achten Sie deshalb darauf, dass die Kinder auch immer wieder zu ihrer Persönlichkeit **gegen**sätzliche **Rollen** in einem Stück übernehmen. Der Schüchterne wird ein Draufgänger, der für eine gerechte Sache streitet, der Draufgänger wird der stumme Diener. Damit pressen wir die Kinder nicht in eine neue Rolle, sondern fördern das eigene Variieren verschiedener Rollen. Das bringt die Kinder zu neuen Erfahrungen und der Erkenntnis, dass sie durchaus in der Lage sind, ihre scheinbar festgelegte Rolle in der Gruppe zu verlassen.

🎭 Wir steigen mit einer einfachen Übungsszene ein: **Wir gehen einkaufen**

Jedes Kind ist schon mit Mama oder Papa im Supermarkt gewesen. Wer da alles einkauft! Alte Leute mit Stock, die nach Hilfe fragen, junge Leute, die von der neuesten Jugendzeitschrift begeistert sind, Familien mit Kindern und viele andere tummeln sich zwischen den Regalen. An der Fleisch- und Käsetheke wird man bedient, Kinder quengeln nach Süßigkeiten, an der Kasse wird kassiert und bezahlt, neue Ware wird in die Regale gestellt, jemand wirft einen Stapel Dosen um, ein Ladendieb wird erwischt … Eine Menge Dinge können in so einem Supermarkt passieren. Wie reagieren die gestressten Eltern? Wie verhalten sich die Angestellten? Was passiert mit dem Ladendieb?

Schreiben Sie eine kleine Supermarktszene. Bleiben Sie bei elementaren Ereignissen und verwenden Sie nur wenige Requisiten. Es soll eine einfache Handlung sein. Allein auf das Darstellen kommt es an. Als Spannungselement können Sie die Rolle des Ladendiebes beliebig ausbauen.

Achten Sie beim Einüben darauf, dass jedes Kind seine feste Rolle bekommt. Üben Sie zunächst jede Rolle für sich allein und setzen Sie dann alles Stück für Stück zusammen.

Variieren Sie, indem Sie sich überlegen, wie mit dem Ladendieb umgegangen werden kann. Wie reagieren die Kunden auf ihn? Was passiert, als man noch Portmonees bei ihm findet? Kommt es zum Streit? Thematisieren Sie Strafe und Vergebung.

🗣 Zu einem Streit gehören **laute und leise Töne.** Kinder neigen dazu, entweder nur zu flüstern oder nur zu schreien. Sprechen Sie mit den Kindern den Satz »Endlich haben wir dich erwischt!« abwechselnd laut und leise. Variieren Sie die Betonung. Betonen Sie auf verschiedenen Wörtern, und wechseln Sie innerhalb des Satzes die Stimmlage. Sprechen Sie das Beispiel zunächst den Kindern vor, und fragen Sie, welche Stimmung Sie damit ausdrücken wollten. War es böse ge-meint, ironisch oder liebevoll? Sprechen Sie dann das Beispiel zusammen mit den Kindern.

Wählen Sie andere Satzbeispiele und üben Sie verschie-dene Stimmungen (z. B. lieb, gemein, weinerlich, flehend, freudig).

Lassen Sie die Kinder **zweiminütige Fantasiegeschichten** erzählen. Geben Sie das Thema und die Stimmung vor (z. B. »Ich habe ... als Geschenk bekommen, und darüber habe ich mich sehr gefreut.« oder »Ich habe mich mit meiner Freundin um ... gestritten, und jetzt bin ich ganz traurig.«).

Üben Sie die Aussprache mit einfachen **Zungenbrechern:** »Hans holte hundert herrlich hüpfende hübsche Hasen her-bei.« Variieren Sie das Tempo, und denken sie sich mit den Kindern eigene Zungenbrecher aus!

Eine Aufführung mit Kindern muss nicht perfekt sein. Üben Sie mit den Kindern das **Improvisieren.** Nur der Spielleiter sollte einen Text vom Stück haben. Er soll nur ein Leitfaden sein. Die Dialoge und der Handlungsstrang wird den Kindern durch das Üben beigebracht. Wichtiger als der korrekte Text ist die Einhaltung des Gedankenganges und das Transpor-tieren der Aussage. Das Anspiel sollte aus wenig auswendig zu lernenden Passagen bestehen. Dadurch spielen die Kinder freier und ungezwungener. Sie müssen lernen, den Gedan-kengang im Kopf zu behalten und zu improvisieren.

Die folgende Übung eignet sich sehr gut für den Einstieg. Sie ist eine gute Mischung aus Sprach- und Bewegungsimpro-visation.

Erzählen Sie den Kindern eine Geschichte, und lassen Sie dabei an bestimmten Stellen etwas aus. Die Kinder müssen selbst ein Wort oder einen Satz einfügen. Lassen Sie die Kinder pantomimisch die erzählte Geschichte spielen. Diese Übung kann von Einzelpersonen durchgeführt werden, wir können uns aber auch eine Geschichte für eine ganze Gruppe ausdenken.

Schreiben Sie eine **Improvisationsgeschichte**! Beginnen Sie z. B. mit den Worten: »Es war einmal ein tapferer Ritter, der ritt zu einem schönen Schloss, um eine Prinzessin zu befreien, die von einem bösen Drachen bewacht wurde. Als er das herrliche Schloss sah, rief er aus: ›...!‹ Schließlich kam er zum Burggraben und fand die Tore verschlossen. Er rief zur Mauer hinauf: ›...!‹ Da wurde ihm mit Furcht erregender Stimme von der Zinne geantwortet: ›...?‹«

Dichten Sie die Geschichte weiter! Fügen Sie immer wieder Leerstellen ein, und besetzen Sie Kinder in verschiedenen Rollen. Schreiben Sie ein Happyend.

Spielen Sie die Geschichte erneut durch, und achten Sie dabei verstärkt auf die **Mimik und den Ausdruck** der Kinder. Sie können die Übung »verschärfen«: Lassen Sie die Übung ohne Bewegungen spielen. Die Kinder sollen nur durch ihre unterschiedliche Mimik und Kopfbewegungen den Handlungsverlauf zum Ausdruck bringen.

Versuchen Sie durch kleine Rollen möglichst alle Kinder in die Übungsstücke mit einzubeziehen, und lassen Sie keines zu lange nur untätig zuschauen.

Beispiel eines biblischen Anspiels mit Kindern

Wenn wir biblische Anspiele für Kinder schreiben, müssen wir darauf achten, dass wir den Handlungsgang genau nachzeichnen, aber die Dialoge mit einfachen Worten gestalten. Vermeiden Sie Fremdwörter oder eine betont fromme Insidersprache. Sie können durchaus Verfremdungen und Dinge aus unserer heutigen Zeit einbauen oder das Stück ganz in der Gegenwart spielen lassen. Achten Sie aber darauf, dass sie das Ziel des Anspiels, nämlich das Thema nur anzureißen, nicht aus den Augen verlieren!

Wir schreiben ein Anspiel zum Turmbau zu Babel (1. Mose 11, 1–9):

Thema: Wir werden wieder eins durch den Heiligen Geist in Christus. Wir sprechen wieder »eine« Sprache (ausgelegt werden soll das »Pfingstwunder«, Apg 2, 1–36)

Schreiben Sie zunächst einen kurzen Dialog zwischen drei Personen (Männer und Frauen gemischt). Sie beabsichtigen einen Turm zu bauen, dessen Spitze bis an den Himmel reicht. Denn sie wollen sich einen Namen machen, weil sie Angst haben, dass sie in alle möglichen Länder zerstreut werden. Schreiben Sie, wie sie darum ringen, abwägen, verwerfen und ihren Gedanken wieder aufnehmen. Am Ende dieser Szene sind sie sich einig: Sie wollen den Turm errichten. In der zweiten Szene schleppen sie Steine herbei (aus bemaltem Styropor) und schichten sie auf. Auch ein halbfertiger Turm ist im Hintergrund zu sehen (bemalte Kulisse oder Styropor). Zwei Bauarbeiter unterhalten sich. Der eine hat Angst, Gott könnte das nicht gefallen, der andere ist begeistert und »greift nach den Sternen«. In der dritten Szene kommt Gott, verwirrt die Sprachen und zerstreut die Menschen in alle Länder. Der Turm stürzt ein (Geräuscheinspielungen, anderer Bühnenhintergrund), die Menschen laufen in Panik umher. Vier Menschen sammeln sich vor den Trümmern. Sie versuchen miteinander zu sprechen, doch sie können plötzlich nur noch in anderen Sprachen reden (Sie legen den Kindern einfache englische, französische und fantasiesprachliche Sätze in den Mund). »Hello, who are you? What happened?!«, »Je ne sais pas.«, »Machhierdrast nachtellanja cost!« usw. Sie probieren es einige Zeit, zucken dann mit den Schultern, sagen noch ausländische Verabschiedungen und gehen dann resignierend auseinander.

Bühne, Kulissen, Licht, Kostüme und Schminken, akustische Einspielungen

Grundsätzlich gilt: **Das Spielen der Kinder ist das Wichtigste.**

Was Bühne, Kulissen, Licht, Kostüme und Einspielungen angeht, gilt: **Weniger ist mehr!**

Wenn wir an den darstellerischen Fähigkeiten der Kinder gearbeitet haben, braucht es keine großartigen Bühnenbilder oder technische Finessen, damit das Stück gelingt. Einfache Requisiten wie Tische, Stühle oder Besenstiele werden in der Fantasie des Betrachters zu ganz anderen Gegenständen, weil die Kinder ihnen durch ihr Spiel ganz neuen Zweck geben.

Bleibt trotzdem noch Zeit und Kraft und geht dies nicht von der wichtigen Übungszeit ab, können wir selbstverständlich noch vieles schöner gestalten. Hierzu können wir auch sehr gut die **Eltern** mit einbeziehen. Sie können Kostüme mitgestalten, bei den Kulissen helfen und technische Hilfe bei den Aufführungen leisten. Gewinnen Sie auch einen begabten Elternteil für zuverlässige **Fotos und Videoaufnahmen** von Proben und Aufführungen. Diese sind nicht nur eine schöne Erinnerung, sondern auch ein Korrektiv für unser Spiel. Schauen Sie sich die Aufnahmen zusammen mit den Kindern an! Sie werden staunen, wie viele Verbesserungsvorschläge die Kinder beizutragen haben.

Bühne

Eine Bühne kann überall sein. Bei Anspielen richtet sich deren Gestaltung nach der Art der Vorführung. Bei Veranstaltungen, die außen stattfinden, kann die **natürliche Umgebung** als Kulisse mit einbezogen werden. Da so eine Bühne die Fantasie hervorragend unterstützt, ist es auch an uns, immer wieder Vorschläge für Veranstaltungen in freier Natur zu machen.

Warum nicht einmal ein missionarischer Gottesdienst auf einer Waldlichtung oder in einer Fußgängerzone? Wir müssen aber immer darauf achten, dass die Bühne irgendein erhöhter Platz ist. Das ist natürlich bei Kindern als Darstellern besonders wichtig.

Bei vorgefertigten Bühnen sollten wir darauf achten, dass auf ihnen genug Platz für die Kinder ist. Gerade bei größeren Veranstaltung stehen häufig Verstärker, Mikrofonständer, Instrumente und anderes im Weg.

Kulissen

Der Bühnenhintergrund lässt sich gut mit Stellwänden gestalten. An ihnen können Papierbahnen sehr gut befestigt werden. Man kann sie variabel hinstellen, und sie sind vielseitig nutzbar. Die Bühne kann einfach in verschiedene Räume eingeteilt werden, und auch der Auf- und Abbau gelingt schnell, weil die Stellwände sehr leicht sind.

Benutzen Sie lange Bahnen Packpapier, und überlegen Sie sich zusammen mit den Kindern, welcher Hintergrund zu dem Stück passen könnte. Dabei ist der Detailreichtum nicht so wichtig. Es müssen elementare Dinge sein, die der Zuschauer noch bis in die letzte Reihe erkennt: Wolken, Fische, Ladenschild, Bäume, Berge, Schlossmauer, Türme, Türen usw. Es kann aber auch ein vom jeweiligen Stück unabhängiger Hintergrund gestaltet werden: Farbhände und -füße, Wellen, Mauern, Muster aller Art usw.

Beachten Sie auch den Darstellerhintergrund. Wie wirkt ein Kind vor einem Hintergrund? Wir können diesen auch hierfür bewusst gestalten. Soll der Darsteller im Hintergrund »verschwinden« (z. B. seitliche hintere Eckposition, gemalter Wald) oder soll sofort deutlich werden, dass dieser Darsteller die Hauptfigur ist (z. B. Zentralposition, neutraler oder leerer Hintergrund)? Mit den Stellwänden können wir hier sehr gut variieren. Verändern Sie den Hintergrund je nach Szene, und passen Sie ihn der Wichtigkeit des Darstellers im Stück und in der jeweiligen Szene an.

Licht

Es ist keine aufwändige Lichtanlage notwendig, um Effekte zu erzeugen. Wir können z. B. mit Taschenlampen schon eine große Wirkung erzielen. Selbst im Halbdunkeln können damit einzelne Darsteller markiert werden, und ein Taschenlampenwirrwarr (Darsteller laufen in einer Szene mit Taschenlampen umher) ist einfach zu bewerkstelligen und dennoch effektvoll. Auch Stücke, die im Dunkeln nur mit einer einzigen Taschenlampe beginnen, können große Spannung erzeugen. Gute Effekte erzielen wir, wenn wir Taschenlampen unter Masken oder farbige Tücher beim Spielen halten (glühende Augen, Berglandschaften). Mit Taschenlampen können wir aber auch Schatteneffekte erzielen. Sie sind eine wunderbare Abwechslung in Stücken, wenn z. B. nicht nur die Schauspieler miteinander ringen, sondern auch die Schatten.

Eine Diskokugel mit Strahler und Farbwechslern ist heute schon als Einstiegsset günstig zu kaufen. Sie kann einen ganzen Raum mit Lichteffekten gestalten und unterstreicht die Aussage einzelner Szenen (z. B. Traumsequenz).

Von offenen Lichtquellen ist abzuraten, weil Kinder damit unsicher sind und die Brandgefahr auf der Bühne zu groß ist.

Es ist immer gut, wenn sich ein zuverlässiger Erwachsener um größere Lichtanlagen kümmert, weil diese häufig aufwändig im Aufbau sind und mit Starkstrom betrieben werden.

Eine Nebelmaschine kann man ebenfalls günstig kaufen oder leihen. Kombiniert mit einfachen Lichteffekten, birgt sie eine Menge gestalterisches Potenzial. Künstlicher Nebel sollte allerdings sparsam und nur in abgedunkelten Räumen eingesetzt werden, weil sonst die Wirkung verpufft (z. B. Einsatz nur in einer Szene oder beim Auftritt einer bestimmten Person).

Kostüme und Schminke

Grundsätzlich gilt: Bei allen Schmink- und Kostümaktionen müssen Sie die Eltern vorher informieren!

Kleidungsstücke, die als Kostüme verwendet werden, können beim Spielen beschädigt werden. Deshalb sollten Sie sowieso nur abgetragene und alte Sachen verwenden. Einfaches regt die Fantasie viel mehr an als Aufwändiges. Es ist immer wünschenswert, wenn Eltern bereit sind, schöne Kostüme zu nähen, doch ist das nicht absolut notwendig. Alte Bettlaken, Bettbezüge, Handtücher, ausrangierte Hüte, Bademäntel, Wanderhosen usw. eignen sich hervorragend als Kostüme. Aus einem Bettlaken wird eine Toga oder Tunika, aus einem Handtuch ein Turban, aus einem Bademantel ein Königsmantel und aus der Wanderhose eine Dienerlivree. Seien Sie fantasievoll!

Kostüme können Darsteller herausheben, ihre Rolle unterstreichen, sie aber auch in den Hintergrund drängen oder bedeutungslos erscheinen lassen. In jedem Fall verändern sie die dargestellte Figur. Doch auch mit dem Darsteller selbst geht eine Verwandlung vor. Er ist nicht mehr alltäglich gekleidet, und allein sein Kostüm kann ihn schon in eine andere Rolle und eine andere Welt versetzen.

Kinder reagieren ganz unterschiedlich auf das Schminken. Einige lieben es, andere können sich nur schwer überwinden. Das liegt in der Regel an der Entwicklungsphase, in der sich das Kind gerade befindet. Seien Sie geduldig, und geben Sie sich auch mit einer Ablehnung zufrieden. Vielleicht lässt sich das Kind doch noch später, wenn es die anderen sieht, wenigstens zu ein paar wenigen Strichen oder Andeutungen motivieren. Grundsätzlich aber wird nur der geschminkt, der es auch wirklich möchte.

Schminken ist für die Kinder auch eine gute Körpererfahrung. Sie spüren die Farbe auf ihrer Haut, und sie dürfen sich einmal ganz legitim »einsauen«. Es verschafft ihnen ein positives körperliches Wohlbefinden, gerade wenn die Eltern sonst immer sehr auf Sauberkeit achten. Aus diesem Grund sollten solche Aktionen auch mit den Eltern besprochen werden. Wenn die Kinder beim Schminken kein schlechtes Gewissen haben müssen, weil die Eltern einwilligen und sie vielleicht noch dazu motivieren, dann können die Kinder ihre Verwandlung so richtig genießen.

Beim Schminken müssen die Kinder alte Sachen tragen. Damit sie lernen als Gruppe zu agieren, können sie sich am Anfang gegenseitig schminken. Fangen Sie mit einfachen Dingen an, wie z. B. Bärten, roten Bäckchen, weißen braven oder schwarzen, grimmig aussehenden Gesichtern. Lassen Sie alte weiße T-Shirts mitbringen. Hier können wunderbar gruselige Skelette, anständige Uniformen oder glänzende Orden entstehen. Vor der Aufführung sollten allerdings Erwachsene helfen, weil die Kinder meist einfach zu aufgeregt sind. Gewinnen Sie andere Erwachsene zum Fotografieren. Fotos vom Schminken können sehr gut beim Elternabend oder Nachtreffen gezeigt werden. Achten Sie auf genügend Spiegel und unschädliche Schminkfarben.

Akustische Einspielungen

Jedes Stück kann eine Titelmelodie haben, die zum Ein- und Ausgang gespielt wird. Auch während einzelner Szenen können Lieder und Klänge eingespielt werden. Am schönsten ist es natürlich, wenn wir selbst Musik machen, die thematisch genau zum Anspiel passt. Durch gemeinsames Singen kann auch das Publikum sehr gut mit einbezogen werden.

Besonders effektvoll sind Geräusche, die zu einzelnen Darstellungen passen (z. B. Regentropfen, Wind, Wellen, Autolärm usw.). Solche Geräusche sind auch oft auf CDs gesammelt, die man kaufen kann. Schon mit einem einzigen Geräusch kann eine große Wirkung erzielt werden. Stellen Sie sich vor, das Stück beginnt, noch kein Darsteller ist auf der Bühne, es ist ruhig im Zuschauerraum, und plötzlich hört man ein Geräusch: Wellenrauschen, das Tosen der Brandung. Wo befinden wir uns? Am Strand oder an einer Steilküste? Plötzlich gehen die Scheinwerfer an, und man sieht mehr von der Szene. Klippen, Meer, ein Leuchtturm, der im Halbdunkel sein Signal wirft (Taschenlampe), erscheinen. Ein Darsteller wird sichtbar, er steht am Rande der Klippe. Was tut er da? Er schaut hinunter, sein Gesicht ist traurig. Hat er etwas verloren? An was denkt er? ... Sie sehen, ohne dass ein Wort gesprochen wurde, haben die Zuschauer schon viele Assoziationen, die durch nur wenige Mittel ausgelöst worden sind.

◀ Probieren Sie einmal selbst, sich zu einem Geräusch eine Geschichte auszudenken! Denken Sie an ein ganz elementares Geräusch (z. B. Telefonklingeln), und assoziieren Sie frei drauf los. Warum klingelt das Telefon? Geht gleich jemand ran? Gibt es einen Anrufbeantworter? Weshalb nimmt niemand ab? Sie werden merken, dass schon ein einziges Geräusch ein hervorragender Ideenspender ist. So eine Übung können Sie auch mit den Kindern zusammen machen. Spielen Sie ihnen ein Geräusch vor (z. B. das Brüllen eines Löwen), und lassen Sie sie dazu eine kleine Geschichte erfinden. Anschließend kann diese Geschichte mit dem Geräusch nachgespielt werden.

◀ Eine Szene kann je nach Art der Musik eine ganz unterschiedliche Wirkung haben. Nicht nur die Zuschauer empfinden das, sondern auch die Schauspieler selbst. Spielen Sie mit den Kindern eine kurze Szene ohne Musik (z. B. am Fahrkartenschalter). Anschließend spielen Sie die Szene wieder mehrmals durch und geben jedes Mal eine andere Musik (Rock, Pop, Klassik, Techno usw.) dazu. Beobachten Sie, wie die Kinder mit unterschiedlicher Musik ihr Spiel verändern. Denken Sie sich dann zu der jeweiligen Musik Charaktereigenschaften der Hauptfiguren aus, und ermutigen Sie die Kinder, noch eindeutiger im Einklang zur Stimmung der Musik zu spielen. Variieren Sie, indem Sie auf einer Kassette verschiedene

Musikstile in kurzen Intervallen mischen, und lassen Sie sie zu einem Stück laufen. Die Kinder können dann lernen, sich blitzschnell innerhalb eines Stückes auf die jeweilige Stimmung und den dazugehörigen Ausdruck einzustellen.

Grundsätzlich gilt für alle Einspielungen, dass es eines zuverlässigen Tonassistenten bedarf, der haargenau zur rechten Zeit die Musik oder Geräusche abspielt. Verpasst er seinen Einsatz schon um wenige Millisekunden, kann das die Wirkung der Szene bereits stark beeinträchtigen oder sie ins Gegenteil verkehren. Deshalb sollten wir mit Einspielungen sparsam umgehen. Sie stellen in einem Stück immer technische Unsicherheitsfaktoren dar.

Als Ergänzung zu diesem Kapitel können auch die Übungen und Aufführungstipps aus dem letzten Kapitel verwendet werden.

Anspiele

Der Geldautomat /
Das traurige Herz

Thema: Sinn des Lebens, Wozu lebe ich?

Bibeltext: Lukas 9, 24 (»Von der Nachfolge«)

Gedanken zum Text:

- Wozu leben wir? Woran sollen wir unser ganzes Leben festmachen? Wir wissen, wozu alles da ist. Der Kugelschreiber ist zum Schreiben da, der Computer zum Speichern von Daten, das Sofa zum Sitzen. Alles hat seine Bestimmung, und wir können es dadurch auch richtig benutzen. Aber wozu sind wir da? Was machen wir mit unserer Zeit und unseren Fähigkeiten? Was machen wir mit dem Kapital, das wir für unser Leben mitbekommen haben?

- Um diese Fragen zu beantworten, müssen wir den fragen, der uns erschaffen hat. Gott allein kann uns eine Antwort auf die Frage nach dem »Wozu« geben.

- Nur wenn die Beziehung zu Gott unsere Basis ist, wird unser Leben Bestand haben, auch wenn unsere Ziele zerbrechen. Ziele sind wichtig für unser Leben. Wir brauchen sie, damit wir weiterkommen, und damit wir etwas haben, wonach wir uns ausstrecken können. Jedoch die Ziele unseres Lebens können und dürfen die Basis nicht ersetzen. Es gibt viele »Ziele«, aber nur einen »Sinn«.

- Woran sollen wir unser Herz hängen? Gott will die Basis unseres Lebens sein. Er hat uns als sein Gegenüber geschaffen, zu »seinem Bilde« (1. Mose 1, 27). Gott will im Leben und im Sterben bei uns sein. Jesus sagt in seinem Gleichnis vom »Schatz im Acker« (Mt 13, 44): Wer Gott findet, der ist wie ein Mann, der einen Schatz im Acker gefunden hat. In seiner Freude »verkauft« er alles, was sein Leben bisher ausgemacht hat und bekommt dafür einen Schatz, für den es sich lohnt alles aufzugeben.

- Jesus sagt, wer für diese Basis alles aufgibt, wird sein Leben erst wirklich gewinnen: »Denn wer sein Leben erhalten will, der wird's verlieren; wer aber sein Leben verliert um meinetwillen, der wird's erhalten« (Lk 9, 24).

Anspiel: Der Geldautomat

Charaktere: ein Mann oder eine Frau, ein Geldautomat (Sprecher)

Kostüme: Mann/Frau: normale Kleidung, Geldautomat durch Kulisse dargestellt

Requisiten: keine

Bühne: stellt die Vorhalle einer Bank dar (Geldautomat mit futuristischem Aussehen, Kontoauszugdrucker, Uhr, die auf 23.00 Uhr steht usw.)

(Ein Kunde betritt am späten Abend die Vorhalle einer Bank. Er geht zu einem Geldautomaten, um sich Geld abzuholen. Der Kunde ist über das ungewohnte Aussehen des offensichtlich neuen Automaten verwirrt. Er schaut links und rechts, entdeckt aber nur diesen einen. Plötzlich sieht er ein großes Schild, das neben dem Automaten hängt. Er liest es mit lauter Stimme.)

M: »Herzlich willkommen an unserem neuen, hoch-
       modernen Geldautomaten. Sie benötigen keine Tasten
       mehr, sondern sprechen Sie einfach direkt mit dem Au-
       tomaten!«
       (wundert sich einen Moment)
       Aha ...
       (blickt prüfend und misstrauisch über das Gerät)
       Hallo? Haallo? Ist da jemand? Herr Automat?
       (klopft an den Automaten)
       Sind Sie zu Hause? Oh Mann, das hat mir gerade noch
       gefehlt.
       (zum Automaten)
       Mensch, ich habe es eilig!
       (nichts passiert)
       Hey, du blödes Ding, rede mit mir! Antworte! Ich will
       endlich meine Kohle!
       (schaut sich peinlich berührt um)
       Das kann doch wohl nicht wahr sein, jetzt rede ich
       schon mit einem Geldautomaten und nenne ihn
       außerdem noch »Mensch«!
       (tritt mit dem Fuß gegen das Gerät)
       Hey, du hochmoderner Schrotteimer, rück endlich mit
       der Sprache raus!

       *(Plötzlich kommt eine schüchterne Stimme aus dem Auto-
       maten.)*

GA: *(stottert leicht)* Guten Tag, was kann ich für Sie tun?
M: Na endlich! Hat auch lange genug gedauert. Ich hätte
       gerne 50 Euro.
GA: *(schüchtern, fast weinerlich)* 50 Euro?
M: Ja, ich hätte gerne 50 Euro, oder gibt es neuerdings bei
       einem Geldautomaten kein Geld mehr?
GA: *(sehr eingeschüchtert)* Geld? Alle wollen immer Geld
       von mir. Was ist denn das? Ich habe doch so etwas gar
       nicht.

M: *(aufgeregt)* Das gibt es doch wohl nicht! Bist du nun ein Geldautomat oder nicht?

GA: Ich weiß nicht so genau … Können Sie mir nicht sagen, wer ich bin?

M: Du bist ein Geldautomat! So steht es jedenfalls draußen dran. Die Leute kommen zu dir, und du gibst ihnen Geld heraus. Geld, verstehst du, das sind diese Papierscheine, die du vermutlich in deinen Eingeweiden trägst.

GA: *(ein wenig erleichtert)* Ach so, das ist Geld. Ich habe mich schon gewundert, was ich damit soll. Ich bin also dazu da, um dir Geld zu geben. Da bin ich aber froh, dass du mir das gesagt hast! Ich war schon ganz traurig, weil ich nicht wusste, wozu ich da bin. Vermutlich brauchst du diese Papierscheine ganz dringend, und ich kann dir damit helfen.

M: Ganz genauso ist es! Jetzt kommen wir weiter! Ich brauche genau einen Fünfziger davon.

GA: Einen Fünfziger brauchst du … Wozu brauchst du das Geld denn, und wer bist du eigentlich?

M: Du stellst vielleicht Fragen! Na gut, wenn du es unbedingt wissen willst. Ich will morgen ein Paar Schuhe kaufen und habe nicht genug Geld in der Tasche. Und wieso fragst du, wer ich bin? Ich bin der Harald.

GA: *(nachdenklich)* Harald …?

M: Ja, ich bin Harald — ein Mensch, verstehst du? Ich bin der Mensch Harald!

GA: Aha, du bist also ein Mensch … und wozu bist du da?

M: *(ringt mit Worten)* … Wozu ich da bin …? … Jetzt reicht es mir aber!! Gib mir mein Geld!

GA: *(wehmütig)* Aber Harald, ich wollte doch nur wissen …

M: Das geht dich gar nichts an! Schluss jetzt! Ich gehe zu einem deiner Kollegen!
(dreht sich um und verlässt mit schnellen Schritten die Bank)

Anspiel: Das traurige Herz

Charaktere: ein »Herzträger«, zwei Freunde

Kostüme: alle tragen normale Kleidung

Requisiten: zwei große, rote Herzen aus Pappe oder anderem Material mit Bändchen zum Aufhängen, stehendes Kreuz, Laternenpfahl, Computer

Bühne: stellt eine Straße dar

(Ein Mensch steht mit einem großen Herz einsam und allein auf der Bühne. Er sieht traurig aus. Plötzlich kommt ein anderer daher und spricht ihn an.)

M2:   Hallo, was ist denn mit dir los? Du siehst ganz traurig aus. Erzähl doch mal, was dich bedrückt!

M1:   *(weinerlich)* Ja, ich bin auch ganz traurig, weil ich nicht weiß, woran ich mein Herz hängen soll. Mir wird es deswegen immer schwerer.

M2:   *(erstaunt)* Du weißt nicht, woran du dein Herz hängen sollst? Das ist doch gar nicht so schwer. Sei nicht traurig, ich helfe dir dabei!

M1:   Das würdest du tun?

M2:   Ja, komm, wir gehen ein Stück!

(Sie gehen die Straße entlang.)

Also ich habe mein Herz an meine Arbeit gehängt. In ihr gehe ich total auf, sie gibt mir Sinn.

(Sie kommen an einen Computer.)

Siehst du? An die Arbeit sein Herz zu hängen ist das Beste, was du tun kannst. Da weißt du, wozu du fähig bist. Du wirst gebraucht und deine Leistung zeigt dir jeden Tag aufs Neue, dass du wertvoll bist. Probiere es doch einmal aus!

(M1 hängt sein Herz an den Computer. Beide gehen einen Schritt zurück und betrachten das Herz.)

M1:   Ich weiß nicht, irgendwie bin ich damit nicht zufrieden. Was ist, wenn mir die Arbeit irgendwann nicht mehr gefällt oder ich nicht mehr arbeiten kann?
(nimmt das Herz wieder an sich)
Ich muss etwas anderes finden.

M2:   Na gut, wenn du meinst. Gehen wir eben weiter.

(Sie gehen ein Stück und kommen an einen Pfahl, an dem ein anderes Herz hängt.)

Siehst du? Daran kannst du nun wirklich dein Herz hängen! Hänge dein Herz an die Liebe! Die Liebe ist doch das Wichtigste im Leben. »Wer nicht geliebt hat, hat auch nicht gelebt« heißt es doch so schön. Das ist es! Wenn alles vergeht, die Liebe bleibt doch immer! Komm, versuche es einmal!

(M1 hängt sein Herz an das andere Herz. Sie treten einen Schritt zurück und betrachten die beiden Herzen. Plötzlich nimmt M1 sein Herz wieder an sich.)

M1:   Nein, das will ich nicht. Was ist, wenn mich die Liebe verlässt und ich Liebeskummer habe? Was ist, wenn keiner mich mag? Was ist, wenn ich selbst nicht lieben kann? Nein, es muss etwas anderes geben!

(Plötzlich kommt ein Dritter die Straße herunter.)

M3:   Hey, was macht ihr denn hier.

M2:   Wir suchen etwas, woran er sein Herz hängen kann.

M3:   Sein Herz? Das ist doch ganz klar! Kommt mit!

(Sie gehen einige Schritte und kommen an ein Kreuz.)

M3:   An das Kreuz musst du dein Herz hängen! Gott ist der Einzige, der immer bleibt.

M1:   Meinst du wirklich?

(Er hängt sein Herz an das Kreuz. Alle treten einen Schritt zurück und betrachten das Herz.)

M2:   Nein, das kann doch nicht dein Ernst sein! An dieses hässliche Kreuz willst du dein Herz hängen? An solch ein Folterinstrument?

M1:   Du hast Recht! Hübsch ist es nicht gerade, und ob es wirklich Freude macht?

M3:   Ich sage euch, nicht die Oberfläche zählt, sondern was in die Tiefe geht.

M1:   *(hängt sein Herz wieder ab)*
      Nein, das ist es auch nicht. Das sind doch nur Gedankenspielereien, nichts Handfestes.
      (hängt sich das Herz um den Hals, seufzt)
      Macht es gut, Freunde, ich muss weiter, aber danke für eure Hilfe.

(M2 + 3 gehen ab.)

(M1 geht alleine weiter. Er wird immer trauriger. Sein Herz wird ihm sehr schwer. Er fängt an zu weinen. M1 kommt an einen Laternenpfahl. Plötzlich packt ihn die Wut.)

M1:   Dieses verdammte Herz! *(wirft es auf den Boden und trampelt darauf herum)*
      So, da gehörst du hin! *(nimmt das Herz, hängt es an den Laternenpfahl und geht ab)*

Das Schweigegebot

Thema: Jesus ist kein Wunderheiler, sondern der Messias

Bibeltext: Markus 1, 40–45 (»Die Heilung eines Aussätzigen«)

Gedanken zum Text:

- Aussatz war zur Zeit Jesu ein schlimmes Leiden. Er war ein Sammelbegriff für verschiedene Hautkrankheiten, vor allem Lepra. Aussatz machte auf jeden Fall kultisch unrein. Der Unreine wurde aus der Gemeinschaft der Gesunden ausgestoßen. Er gehörte nicht mehr zum Volk Gottes. Behandlungsmethoden gab es keine. Bei einer Heilung wurde ein Priester hinzugezogen, der sie bestätigen musste. Eine Heilung galt allerdings als genauso schwer wie die Erweckung eines Toten.

- Der Aussätzige kommt zu Jesus. Er hält sich nicht an die vom Gesetz vorgeschriebene Distanz: »Wer nun aussätzig ist, soll zerrissene Kleider tragen und das Haar lose und den Bart verhüllt und soll rufen: Unrein, unrein! Und solange die Stelle an ihm ist, soll er unrein sein, allein wohnen, und seine Wohnung soll außerhalb des Lagers sein« (3. Mose 13, 45–46). Der Aussätzige ist voll Vertrauen in die Vollmacht Jesu. Er drängt Jesus nicht, ihn zu heilen, sondern überlässt es seinem Willen. »Willst du, so kannst du mich reinigen« (Mk 1, 40 b).

- Jesus heilt den Aussätzigen, aber anschließend droht er ihm, »schnauzt« ihn an, wie es wörtlich heißt und »trieb ihn alsbald von sich« (V. 43). »Sieh zu, dass du niemandem etwas sagst...« (V. 44). Es ist Jesus wichtig, dass er nicht als

Wunderheiler verstanden wird, der alle Wünsche der Menschen erfüllt.

- Jesus beweist seinen Gegnern (vgl. Mk 2, 1 – 3, 6), dass er das Gesetz Moses respektiert. »Dies ist das Gesetz über den Aussätzigen, wenn er gereinigt werden soll. Er soll zum Priester kommen, und der Priester soll aus dem Lager gehen und feststellen, dass die kranke Stelle am Aussätzigen heil geworden ist…« (3. Mose 14, 2 – 3; vgl. Mk 1, 44).
- Jesus kommt nicht zu uns als Wunderheiler, Zauberer, Revolutionär oder Politiker, sondern als Messias, als Retter für alle Menschen, der für uns stirbt und aufersteht (vgl. Mk 9, 31). Seine Wunder sind nicht Beweise, sondern Erweise, dass er Gottes Sohn ist.

Anspiel: Das Schweigegebot

Charaktere: der geheilte Aussätzige, vier Reporter, drei Kameraleute, evtl. Tontechniker, Leiter der Pressekonferenz

Kostüme: Aussätziger: Bart, trägt noch seine zerrissene Kleidung, Reporter: normale Kleidung, Kameraleute: normale Kleidung

Requisiten: Kameras, Mikrofone und Aufnahmegeräte, Stühle, ein Tisch, Notizblöcke und Schreiber

Bühne: stellt einen Raum für eine Pressekonferenz dar

(Der Aussätzige hält nach seiner Heilung eine Pressekonferenz ab. Mehrere Stuhlreihen stehen seitlich hintereinander. Der Geheilte sitzt vorne an einem Tisch, zusammen mit dem Leiter der Pressekonferenz. Vor ihm steht ein Bündel Mikrofone. Mehrere Kameraleute visieren ihn an. Re-

porter warten gespannt auf den Beginn der Konferenz und halten ihre Notizblöcke und Schreiber bereit. Tontechniker machen ihre letzten Einstellungen. Der Leiter eröffnet die Pressekonferenz.)

L: Meine sehr geehrten Damen und Herren, ich darf Sie herzlich zur Pressekonferenz des geheilten Aussätzigen Herrn Levi begrüßen. Bitte stellen Sie nacheinander Ihre Fragen.

(Ein Reporter meldet sich.)

Herr Aaron vom »Jerusalemer Abendblatt« bitte.

R1: Herr Levi, hatten Sie Lepra, und wenn ja, wie kam es zur Heilung Ihrer schlimmen Krankheit?

A: Richtig, ich hatte Lepra, viele Jahre lang! Mein ganzer Körper war voll mit Ekzemen und starken Verkrustungen. Teilweise konnte ich mich kaum bewegen. Ich lebte abgeschirmt in einer Mulde vor der Stadt und hatte jahrelang meine Familie nicht mehr gesehen. Doch dann hörte ich von diesem umherziehenden Wunderheiler Jesus und nahm meinen ganzen Mut zusammen, um ihn zu treffen. Es war kaum möglich, an ihn heranzukommen, und ich hatte ständig Angst, man könne mich umbringen, weil ich doch gegen das Gesetz verstieß, indem ich außerhalb meiner Mulde herumlief. Dann drängelte ich mich einfach durch und die Leute liefen wie von selbst auseinander, weil sie natürlich Angst vor mir hatten. Plötzlich stand ich vor diesem Zauberer und fiel auf die Knie und sagte ihm, wenn er es wolle, dann solle er mich gesund machen. Jesus sah mich ganz mitleidig an, berührte mich und plötzlich ging mein Ausschlag zurück! Das war der komplette Wahnsinn! Nach so vielen Jahren bin ich geheilt! Jesus ist der mächtigste Wunderheiler, den ich kenne!

L: Die nächste Frage bitte. *(zeigt auf eine Meldung)* Herr
        Banis von der »Bethlehemer Rundschau«.

R2:   Herr Levi, gibt es für diese Heilung nicht eine medizini-
        sche Erklärung? Hat dieser Jesus Ihnen vielleicht ein
        neues Medikament verabreicht?

A: Nein, ich habe von ihm nichts bekommen. Er hat nur
        seine Hand auf meinen Kopf gelegt, und ich bin ein-
        fach durch seine mächtigen Zauberkräfte gesund ge-
        worden.

L: *(zeigt auf einen Reporter)* Herr Abdallah von der »Kairoer
        Neuen Zeitung«.

R3:   Können Sie kurz schildern, was nach der Heilung
        geschah?

A: Ja, das war ganz merkwürdig. Ich war noch ganz außer
        mir vor Freude, da schnauzt Jesus mich total unfreund-
        lich an, ich solle bloß zusehen, dass ich weiterkomme
        und niemanden etwas davon sagen, und außerdem
        solle ich mich bei einem Priester melden und für meine
        Reinigung etwas opfern. Pustekuchen! Ich gehe doch
        nicht zu diesen korrupten Pfaffen, die mir jahrelang
        das Leben schwer gemacht und mich für unrein erklärt
        haben. Vom Opfern halte ich schon lange nichts mehr.
        Als meine Krankheit begann, habe ich geopfert wie ein
        Weltmeister und viel Geld dafür ausgegeben. Die Hälfte
        davon haben sich bestimmt die Priester in die Tasche
        gesteckt. Was hat es geholfen?! Gar nichts!

L: Eine letzte Frage noch. *(viele Hände strecken sich)* Herr
        Gazie von der »Hebroner Freien Presse« bitte.

R4:   Herr Levi, ist es wahr, dass Sie die Exklusivrechte für
        Ihre Heilungsgeschichte für 25 Talente bereits an das
        »Salomon-Magazin« verkauft haben?

A: Über konkrete Zahlen möchte ich hier nicht sprechen,
        doch es ist richtig, meine Geschichte wird nächste
        Woche im »Salomon-Magazin« erscheinen. Außerdem
        habe ich vor, meine Erlebnisse in einer zehnteiligen
        Fernsehserie zu verarbeiten.

(R1 ruft einfach dazwischen.)

R1: Finden Sie solch ein Verhalten gegenüber dem Schwei-
gegebot des Heilers nicht unmoralisch?

A: Unmoralisch? Womit soll ich denn sonst mein Geld
verdienen? Ich bin doch bettelarm, konnte über Jahre
nicht arbeiten und habe noch nicht einmal Sozialhilfe
bekommen!

L: Das war nun wirklich die letzte Frage. *(Viele heben noch
die Hand und rufen: »Eine Frage noch!«)* Damit sind wir
am Ende unsere Pressekonferenz angekommen. Ich
wünsche Ihnen einen guten Tag.

Das Festmahl

Thema: Der Tod

Bibeltext: Sirach 14, 12: »Bedenke, dass der Tod nicht auf sich warten lässt und dass du keinen Vertrag mit dem Tod hast.«
2. Timotheus 1, 10b: »... Christus Jesus, der dem Tode die Macht genommen und das Leben und ein unvergängliches Wesen ans Licht gebracht hat durch das Evangelium ...«

Gedanken zum Text:

- Der Tod ist ein Bestandteil unseres Lebens. In unserer heutigen Gesellschaft sehen wir den Tod meist als Endstation an. Deshalb verdrängen wir ihn und suchen Zerstreuung und Erfüllung im diesseitigen Leben. Wir versuchen die Grenze des Todes durch moderne Medizin hinauszuschieben. Wir klammern uns am Leben fest und sind nicht in der Lage loszulassen, weil wir unsere ganze Hoffnung in das »Jetzt« setzen.

- Die neuere Gentechnik wird neue Möglichkeiten aufzeigen, den Tod »auf die lange Bank zu schieben«. Wir können versuchen den Tod zu ignorieren, doch er ist unausweichlich. Jeder muss einmal sterben.

- Im Mittelalter war die Angst vorm Sterben noch ungleich größer als heute, denn der Tod lauerte überall. Unerklärbare Vorkommnisse wie Schädlingsplagen, Erdbeben, Überschwemmungen, Feuersbrünste und Epidemien (z. B. die Pest) versetzten die Menschen in Angst und Schrecken. Selbst im Kindbett war der Tod allgegenwärtig. Die Säuglingssterblichkeit war sehr hoch. Da es keine wirkliche Ordnungsmacht oder Polizei gab und auch die Gerichtsbarkeit noch nicht ausgeprägt war, musste man ständig mit Überfällen von Räubern und Mördern rechnen. In dieser Zeit entwickelte man eine »ars moriendi«, eine »Kunst zu sterben«. Diese Anleitungen zur Vorbereitung auf das Sterben waren tief geprägt von einer Hoffnung, die nicht nur im diesseitige Leben verankert war, sondern auf eine Hoffnung, die sich in der Botschaft vom auferstandenen Christus gründete. Eine so ausgerichtete »Kunst zu sterben« gibt es bei uns heute so gut wie nicht mehr.

- Das Sterben findet heutzutage in unseren Krankenhäusern statt. Zwischen Schläuchen und medizinischen Geräten hat man kaum noch Zeit Abschied zu nehmen. Es gibt neue Aufbrüche, »anders« zu sterben (z. B. Sterbehospize oder wieder zu Hause, im Kreise der Familie, Abschied zu nehmen), wodurch das Sterben nicht »weggesperrt« wird, sondern wieder in unserer Mitte geschehen kann.

- Martin Luther hat einmal in einer Lehrpredigt gesagt: »›Eine Frau, wenn sie gebiert, so hat sie Schmerzen, denn ihre Stunde ist gekommen. Wenn sie aber das Kind geboren hat, denkt sie nicht mehr an die Angst um der Freude willen, dass ein Mensch zur Welt gekommen ist‹ (Joh 16, 21). So muss man sich auch im Sterben auf die Angst gefasst machen und wissen, dass danach ein großer Raum und Freude sein wird« (Martin Luther, Ein Sermon von der Bereitung zum Sterben, 1519).

- »Großer Raum und Freude« kommt aus dem Wissen des Evangeliums. Denn in ihm ist uns gesagt: Christus Jesus hat dem Tod die Macht genommen (vgl. 2. Tim 1, 10 b). Wenn wir darauf unsere eigene Hoffnung gründen, können wir diese befreiende Botschaft auch anderen Menschen verkündigen.

Anspiel: Das Festmahl

Charaktere: zwei Frauen, zwei Männer, der Tod in der Gestalt eines Menschen

Kostüme: Frauen/Männer: festliche Kleidung, der Tod hat einen langen, dunklen Kapuzenmantel an, sein Gesicht ist nicht erkennbar

Requisiten: ein Tisch, fünf Stühle, zwei Kerzenleuchter, fünf Teller, fünfmal Besteck, fünf Weingläser, fünf Schnapsgläser, fünf Servietten, Essensimitationen, Blumen, weiße Tischdecke, eine Weinflasche, eine Flasche Schnaps, Klingelgeräusch, Schüsseln, eine große Sense

Bühne: stellt ein Wohnzimmer dar, in dem ein Festmahl gehalten wird

> *(Zwei Ehepaare sitzen um einen Tisch. Er ist festlich gedeckt. Sie halten ein Festmahl.)*

M1:   Als Erstes lasst uns nun das Glas erheben! *(alle erheben ihr Glas)* Ich freue mich, dass ihr nach langer Zeit wieder einmal bei uns seid und euer Leben so erfolgreich verlaufen ist. Darauf lasst uns trinken: Auf das Leben!

Alle: Auf das Leben!

> *(alle trinken)*

M2:   Erzählt doch mal, wie ist es denn euch ergangen?

F1:   *(stolz)* Christian ist jetzt Filialleiter geworden. Das hat uns sehr gefreut! Jetzt ist endlich auch einmal ein dritter Urlaub im Jahr drin ...

F2:   *(mit einem Augenzwinkern)* ... und natürlich ein neuer Pelz für dich ...

F1:   *(kichert)* … auch der …

M1:   Ihr wisst ja, das Reisen war uns immer schon sehr wichtig. Wir wollen schließlich etwas von der Welt sehen, solange wir noch können.

M2:   Natürlich! Auch wir sind nicht mehr die Jüngsten. Letztes Jahr waren wir auf den Malediven. Herrlich, sage ich euch!

F1:   *(füllt Essen auf)* So, nun nehmt euch reichlich! Wir sind schließlich nicht bei armen Leuten.
(lacht)

(alle nehmen aus den Schüsseln)

F2:   Christian, was macht eigentlich deine Herzkrankheit?

M1:   Die habe ich gut im Griff. Zwei Operationen habe ich schon hinter mir. Das ist heutzutage alles kein Problem mehr. *(lacht)* Jeden Tag ein Gläschen Rotwein, und dann klappt das schon.

M2:   Du hast sicher viel Stress in der Firma?

M1:   Ja, es ist schon ziemlich viel, aber das geht schon. Du weißt doch, von nichts kommt nichts. Wer hat heutzutage keinen Stress?

F1:   Michaela, wie geht es denn deiner Mutter?

F2:   Die mussten wir in ein Altenheim bringen. Ihr geht es sehr schlecht. Sie war schon zwei Mal in einem Monat im Krankenhaus. Lange wird es nicht mehr gehen …

F1:   Und wenn ihr sie zu euch nach Hause holt, ihr habt doch viel Platz in eurem Haus?

M2:   Ich bitte dich, wie soll das gehen? Wir können sie doch gar nicht versorgen und außerdem kann man doch nicht dauernd einen sterbenskranken Menschen vor sich sehen. Dann macht doch das Leben keinen Spaß mehr.

M1:   So, nun wollen wir mal aufhören, den ganzen Abend von Tod und Sterben zu reden. Das verdirbt einem noch den Appetit.

(plötzlich klingelt es)

F1:   Wer kann das sein? Ich gehe mal eben zur Tür.

(die anderen essen weiter)

(Die Frau öffnet die Tür. Draußen steht der Tod. Er hat einen Kapuzenmantel an, sein Gesicht ist nicht zu sehen. Über der Schulter trägt er eine große Sense.)

F1:   Guten Abend.
T: Guten Abend, ich bin der Tod, ich wollte heute zu ihrer Feier kommen.
F1:   Das ist ja schön, kommen sie doch rein. Es ist noch genug zu essen da.
T: Vielen Dank.

(gehen ins Wohnzimmer)

F1:   Schatz, schau mal wer noch gekommen ist, der Herr Tod!
M1:   Welch freudige Überraschung! Setzen Sie sich zu uns. Wir sind gerade beim Essen.

(Tod setzt sich auf einen freien Stuhl, legt seine Sense neben sich.)

F2:   Herr Tod, wie geht es Ihnen?
T: Ich habe gerade wieder viel zu tun, aber sonst, danke, gut.

(F1 bringt weiteres Glas, M2 schenkt T ein.)

M2:   Trinken Sie mit uns.

(alle erheben ihr Glas)

M2:   Auf das Leben!

(alle trinken, nur T nicht).

M1:   Heute wollen wir feiern! Inge, hol doch noch den Jubi-
      läumsaquavit!

*(F1 holt eine Schnapsflasche und fünf Gläser; sie schenkt
allen ein.)*

F2:   *(hebt das Glas)* Prost ihr Lieben!

*(Alle trinken, nur T hat zwei volle Gläser vor sich stehen.
Während des Trinkens ist er wortlos aufgestanden. T wird
von allen völlig ignoriert. Er geht am Tisch vorbei und
schwingt über M1, der am Kopfende sitzt, seine Sense. T
verlässt den Raum durch die Tür. Plötzlich fasst sich M1
ans Herz und sackt mit einem Seufzer auf dem Stuhl
zusammen. Er ist tot.)*

F1:   *(schreit auf)* Christian!

*(Alle bleiben wie erstarrt sitzen und blicken erschrocken
auf M1.)*

Achtung Bauarbeiten!

Thema: Mitarbeiter sein, andere fördern

Bibeltext: Nehemia 1 – 5 (»Der Mauerbau«)

Gedanken zum Text:

- Gottes Karrieren fangen ganz unten an! Als Mitarbeiter wird uns der Wind ins Gesicht wehen. Mitarbeiter zu sein, kann mit Opfern verbunden sein. Mitarbeiter müssen lernen, ihre Kräfte einzuteilen. Bin ich selbst bereit, anderen zur Seite zu stehen? (Neh 3, 33 – 4, 17)
- Als Mitarbeiter oder sogar Leiter sollen wir anderen ein motivierendes Vorbild geben: Gehe ich mit gutem Beispiel voran? Hab ich den Mut zu unbequemen Worten und zu konstruktiver Kritik? Helfe ich mit, Ungerechtigkeit und Rücksichtslosigkeit in meiner Gemeinschaft aufzudecken? (Neh 5, 1 – 19)
- Nehmen wir die Herausforderung an? Interessiere ich mich für die Menschen, mit denen mich Gott verbunden hat? Nehemia war ein Karrieremann (»Mundschenk«). Er hätte es einfacher und bequemer haben können. Was bewegte ihn, dieses Leben aufzugeben? (Neh 1, 1 – 4)
- Was bestimmt mein Denken? Das eigene »Ich«, der Auftrag Gottes für mich oder die Not anderer Menschen? Veränderung beginnt, wo Menschen sich von Gott herausfordern lassen, und in einer Not die Berufung Gottes erkennen. Unverbindlichkeit und Unentschiedenheit verhindert, dass ich mit Gott weiterkomme.
- Ohne Gebet wird gar nichts passieren! (Neh 1, 4 – 11)

- Nur den, der auch die kleinen Schritte geht, kann Gott für die großen Schritte gebrauchen! Was sind die Gaben und Möglichkeiten, die ich habe? Nicht jeder kann und soll ein Nehemia sein! (Neh 2, 1–8)
- Der Weg zum Herzen der Menschen ist Vertrauen. Nehemia schaffte eine Vertrauensbeziehung zwischen sich und den Jerusalemern (Neh 2, 17–18).

Anspiel: Achtung Bauarbeiten!

Charaktere: Ein Bauarbeiter und ein Mensch, der in der Nähe der Stadtmauer etwas zu tun hat (dargestellt z. B. von einem Vortragenden, Prediger etc.)

Kostüme: Bauarbeiter: Helm, Overall, Arbeitsschuhe, Arbeitshandschuhe

Requisiten: Leiter, Hammer, Wasserwaage

Bühne: stellt eine Baustelle dar (am Rande der Jerusalemer Stadtmauer)

(Mitten in die Predigt über Nehemia 1 + 2 platzt plötzlich ein Bauarbeiter hinein. Er trägt eine große Leiter und will zu seinem Arbeitsplatz, eine Baustelle an der Jerusalemer Mauer. Der Bauarbeiter drängelt sich durch die Zuhörer und bahnt sich einen Weg zum Vortragenden.)

B: *(schwenkt die Leiter)* Vorsicht! Aus dem Weg! Machen Sie mal Platz da vorne!
(Vorne angekommen, stellt er die Leiter direkt neben dem Vortragenden auf, prüft ihren Halt, misst den Winkel mit der Wasserwaage und schlägt lautstark mit seinem Hammer einen Bolzen fest.)

V: *(versucht sich durch den Lärm bemerkbar zu machen)* Moment mal!! Hören Sie auf mit dem furchtbaren Krach!! Man kann ja sein eigenes Wort nicht mehr verstehen!!

(B hält inne.)

Sie können mich doch hier nicht mitten in meinem Vortrag stören! Wer sind Sie überhaupt und was machen Sie um alles in der Welt hier?

B: Na, Sie stellen vielleicht Fragen! Hier wird gearbeitet! Das ist mein Arbeitsplatz!

(V schaut unverständig, B mit Nachdruck drein.)

»Quell-Tor«! Na, klingelt's jetzt?

V: »Quell-Tor?« Wieso, was für ein »Quell-Tor«?

B: Mensch, Junge, auf welchem Planeten lebst du denn?! Die ganze Stadt ist doch auf den Beinen! Die Jerusalemer Mauern werden wieder aufgebaut und hier wird doch das neue »Quell-Tor« hochgezogen! Du sitzt hier mit deinen Leuten genau auf der Baustelle von Schallun, meinem Chef, und wenn der sieht, dass ihr euch hier rumtreibt und der Betonmischer wieder nicht durchkommt, garantiere ich für nichts. Wenn ihr meinen Rat hören wollt, verzieht euch schnellstens, denn wir sind nicht gerade gut auf Faulenzer zu sprechen.

V: Immer mit der Ruhe! Also, wenn ich mir die neue Mauer hier so anschaue …, gerade vertrauenserweckend sieht die auch nicht aus …

B: Ei, ei, ei, ei! Das ist beste Wertarbeit aus dem Hause »Schallun-Bau-KG«! Wir haben sogar den Auftrag für die große Wasserleitung beim Garten des Königs bekommen!
     (heimlich) Aber mal ganz unter uns … Ich habe auch schon zu meinem Freund Banis gesagt, die Mauern muss man nur einmal schief angucken, und sie stürzen

72

ein. Wir haben hier viel zu viel Schutt. Die Steine zerbröseln uns zwischen den Händen. Einem feindlichen Angriff halten die nie und nimmer stand!

V: Das ist ja wirklich stümperhafte Arbeit. Wer hat denn hier die Bauleitung?

B: Na, mein Chef Schallun natürlich. Aber wenn du den mal auf die Mängel ansprichst, sagt der nur, wir sollen lieber arbeiten und beten, anstatt rumzufragen. Der hat doch selbst keine Ahnung, wie der Bau weitergehen soll. Ständig ist er in irgendwelchen Besprechungen mit den anderen Bauleitern, aber das hat uns bisher auch kein besseres Mauerwerk eingebracht! Ich vermute, die machen es sich bequem, und aus jedem Meeting wird ein nettes Gelage!

V: Wer hat denn bloß den Bau angeordnet?

B: Das war dieser Nehemia, irgend so ein Oberingenieur aus Persien. Ein merkwürdiger Typ. Der ist hier mit einer Fuhre Holz angerückt, schlich nachts um die Stadt, um sich die Schäden anzusehen und am nächsten Morgen hat er dann einen kompletten Bauplan vorgelegt, heißt es. Unsere hohen Herren waren ganz schön pikiert!

V: Wie kommt einer aus Persien bloß darauf, die Jerusalemer Stadtmauern auszubessern?

B: Genau das ist ja das Verrückteste an der Geschichte. Man sagt, Gott selbst habe diesem Nehemia die Türen geöffnet, dieses Projekt durchzuziehen. Das ist doch komplett irre, oder? *(lacht)* Mein Freund Banis sagt, wenn wir für jeden schlechten Stein von Gott einen neuen erbitten würden, könnten wir gleich einpacken und den ganzen Tag in der Synagoge verbringen.

V: Na ja, es sieht wohl so aus, als müssten wir auch einpacken …

B: *(schaut auf die Uhr)* Joaaa, ein bisschen Zeit habt ihr noch. Ich mach erst mal Mittagspause. *(geht ab)* Also, Shalom!

Die Himmelsleiter

Thema: Können wir Gott erkennen? Muss ich mich nur genug anstrengen, um zu wissen, was sein Wille ist? Erkenntnis und Wissen

Bibeltext: Psalm 139, 23 + 24:
Erforsche mich, Gott, und erkenne mein Herz;
Prüfe mich und erkenne, wie ich's meine.
Und sieh, ob ich auf bösem Wege bin,
Und leite mich auf ewigem Wege.

Gedanken zum Text:

- Häufig leidet unser Glaube an einem »philosophischen Missverständnis«. Wir meinen, dass wir unsere ganze Kraft einsetzen müssen, um Gott zu erkennen. Wir wollen mit dieser Gotteserkenntnis unser Leben in die richtigen Bahnen lenken. Meistens passiert aber gar nichts. Die aufwändige Erkenntnissuche wird höchstens zu einem großen Krampf.
- Wir geraten in die Gefahr, zu denken, dass wir Gott erkennen könnten, wenn wir uns nur genug darum bemühen. Wir merken dabei aber nicht, dass wir nur versuchen, Gott »in den Griff zu bekommen« und eine Art »Herrschaft« über ihn aufzurichten.
- **Gott** soll uns erkennen und erforschen. Aber dazu müssen wir uns ganz öffnen. Nur dann kann er uns leiten. **Gott** sucht uns und kommt uns entgegen.
- Jesus ist nicht ein Wegweiser, der lediglich zeigt, wo es lang geht, uns dann aber doch wieder auf die Kraxelleiter stellt.

Er ist auch keine weitere Hilfskonstruktion, die wir zur Unterstützung beim Überwinden der Trennung von Gott einsetzen müssen. Er selbst ist der Weg.

- Wenn wir Gott um die richtige Lebensführung bitten, müssen bereit sein, uns von Gott verändern zu lassen.
- Gott, prüfe uns und erforsche uns, und erkenne du, wie wir es meinen!

Anspiel: Die Himmelsleiter

Charaktere: ein Ehepaar

Kostüme: normale Kleidung

Requisiten: lange Leiter, Notizbuch, einige Bücher, Maßband

Bühne: stellt einen Garten mit Bäumen dar

(Ein Mann stellt umständlich eine lange Leiter an einen Baum. Er rückt sie zurecht, misst sie aus und kontrolliert die Winkel. Nachdem er zufrieden sein Werk vollendet hat, macht er sich mit mehreren Büchern in der Hand daran, die Leiter zu besteigen. Plötzlich betritt die Frau des Mannes den Garten.)

F: *(bestürzt)* Ja, sag mal, was machst du denn da?
M: *(dreht sich zu ihr hin)* Ich will nach oben, das siehst du doch!
(beugt sich ein wenig hinab) Übrigens, du kannst mir mal schnell das Buch reichen, das ich unten vergessen habe *(zeigt auf einen Band, der am Boden liegt)*.
F: *(hebt das Buch auf und schaut kopfschüttelnd auf den Titel)* »Handbuch zur Gotteserkenntnis«? Was um alles

in der Welt willst du denn mit diesen vielen Büchern auf der Leiter?

M: Das habe ich dir doch schon gesagt. Ich bin auf dem Weg nach oben, auf dem Weg in den Himmel, auf dem Weg zu Gott!

F: In den Himmel? Du willst in den Himmel zu Gott? Der ist doch nicht da oben im Baum! Und außerdem, was willst du im Himmel mit den ganzen Büchern?

M: *(steigt zu ihr hinab auf den Boden und legt ihr freundschaftlich die Hand auf die Schulter)* Pass auf, ich erkläre dir das: Natürlich ist Gott nicht da oben im Baum, aber wenn ich da oben in der Baumkrone sitze, fühle ich mich ihm ein Stückchen näher, und das ist unheimlich inspirierend und erhellend! Verstehst du, je höher wir sitzen, desto mehr werden wir Gott erkennen! Deswegen will ich auch bald einen hohen Turm in unserem Garten bauen — ich hoffe, du hilfst mir dabei! Wenn wir uns ganz doll anstrengen und uns sehr bemühen, dann können wir es schaffen! Dann werden **wir** *(schlägt sich dabei auf die Brust)* Gott erkennen!

F: Du bist vielleicht verrückt! *(schüttelt den Kopf)* Ein Turm in unserem Garten … Warum bist du bloß so versessen darauf, Gott zu erkennen und zu erforschen?

M: Das ist doch ganz logisch! Wir Christen sind doch immer auf der Suche nach Gott. Wir müssen Gott suchen, erforschen und prüfen, damit wir erkennen, wie er ist und sich alles gedacht hat. Erst dann können wir uns verbessern!

F: Wieso müssen wir uns verbessern?

M: Schau dich doch einmal in der Welt um! Es gibt so viel Schlechtes. Alle streiten sich, keiner weiß, wie er sich ändern kann. Nur wenn wir alles über Gott wissen, unsere gesamte Kraft einsetzen, ihn zu erforschen, seine Methoden zu erkennen, dann erst sind wir in der Lage, uns selbst zu helfen. Ansonsten versinkt alles im Chaos!

F: Das kann aber doch Gott nicht kalt lassen!

M: Hast du eine Ahnung! Gott rührt doch keinen Finger, wenn wir selbst so dumm sind. Nein, das müssen wir schon allein ausbaden. Wer sich die Suppe eingebrockt hat, muss sie auch selbst wieder auslöffeln! Außerdem, du weißt ja: Selbst ist der Mann!

F: Meinst du wirklich …? Ich weiß nicht, … und dann die ganzen Bücher, … was sollen die dir dabei helfen?

M: Wenn ich da oben so sitze und versuche Gott zu erkennen, dann kann ich zur Hilfe in diesem Buch nachschlagen. *(tippt auf ein Buch)* Darin steht ein Weg beschrieben, wie ich Gott komplett erkennen kann. *(tippt auf ein weiteres)* Und in diesem hier notiere ich alle meine neuen Erkenntnisse.

F: Also, das hört sich für mich alles ziemlich verrückt an. Das schaffst du doch nie, so zu Gott zu kommen! Und überhaupt, woher willst du wissen, welcher der richtige Weg zu Gott ist? *(deutet auf die Leiter)*

M: Genau weiß ich es natürlich nicht, aber das ist ja auch gar nicht wichtig! Wichtig ist nur, dass wir erst einmal auf dem Weg sind. Natürlich ist der manchmal ein wenig beschwerlich, und manche schaffen es nicht, ihn bis zum Ende zu gehen, aber wenn wir uns bei der Suche nach Gott ganz fest bemühen, dann haben wir vielleicht eine kleine Chance, Gott zu finden und unser Leben zu verändern. Willst du nicht mit nach oben kommen? Mit vereinten Kräften finden wir vielleicht einen Weg zu Gott!

F: Na ja, … vielleicht komme ich ein Stückchen mit und helfe dir, die Bücher zu tragen. … Ich hoffe nur, dass das Gott-Erforschen und -Erkennen und das Leben-Verändern nicht zu Kräfte raubend für mich sein wird.

M: Keine Angst, das schaffst du schon! Hier sind ein paar Bücher *(gibt ihr einige)* und nun kann es losgehen!

(Der Mann steigt voran und seine Frau klettert ihm auf der Leiter hinterher. Als sie ungefähr in der Mitte sind, kommt der Mann plötzlich ins Schwanken.)

M: Hilfe, hilfe, ich falle!! Achtung, aus dem Weg! *(lässt seine Bücher fallen, rutscht von der Leiter und hängt nur noch an einer Sprosse, stürzt zu Boden)*

F: *(steigt hinab, kniet sich bei ihm hin und hilft ihm)* Hast du dich verletzt? Ist alles in Ordnung mit dir?

M: Danke, danke, es geht schon, meine Güte, war das ein Sturz!

F: Was ist bloß passiert? Warum bist du gefallen?

M: Gute Frage! Aber warte …, ich glaub ich weiß warum! Ich habe den Winkel für den Weg zu Gott zu steil berechnet. So kommen wir nie in den Himmel. Wir müssen einfach präziser sein!

(Mann steht auf und humpelt herum.)

M: *(mit schmerzverzerrtem Gesicht)* Wir müssen uns einfach mehr anstrengen, dann werden die schmerzhaften Dinge in unserem Leben auch weniger werden. Erst wenn wir uns perfekt vorbereiten, können wir verstehen, wie Gott ist. Dann wird unser Leben gelingen! Ich mach gleich eine neue Berechnung … *(sackt ein wenig zusammen)*

F: *(holt ihn ein und stützt ihn)* Ich glaube, mein Lieber, das wird noch bis morgen warten müssen. *(führt ihn weg)*

M: Vielleicht hast du Recht, der Baum läuft ja nicht weg …

F: … und Gott auch nicht.

(beide gehen ab)

Anspiele vom Christival 2002
JESUS FIRST

Dieses sind die Anspiele der **BibelFEST**-Veranstaltung in der Rundsporthalle in Braunatal (Kassel).

Jesus fasziniert

Thema: Wer ist Jesus für mich?

Bibeltext: Markus 8, 27–29 (»Das Bekenntnis des Petrus«)

Gedanken zum Text:

- Cäsarea Philippi war eine prächtige Residenzstadt. Sie liegt im äußersten Norden Israels. Hier entscheidet es sich: Jesus flieht nicht ins Ausland, wie es vielleicht viele von ihm erwartet haben, sondern er geht zurück in die Mitte Israels, nach Jerusalem. Was darf Jesus von seinen Landsleuten und Jüngern erwarten?

- Jesus erforscht die Herzen seiner Jünger, indem er sie nach der Meinung anderer Leute fragt: »Wer sagen die Leute, dass ich sei?« (V. 27) Sie antworten mit der ganzen Bandbreite der Ansichten über Jesus: »Einige sagen, du seist Johannes der Täufer; einige sagen, du seist Elia; andere, du seist einer der Propheten« (V. 28). In Wirklichkeit zeigen sie ihm damit ihre eigene Unsicherheit über die Frage, für wen sie Jesus halten sollen.

- Wer ist Jesus für uns? Frommer Spinner, Sprücheklopfer, guter Mensch, Philosoph oder Sohn Gottes? Was sagen die Menschen von heute, wer Jesus ist? Welche Sehnsucht kommt bei Jesus zum Ziel?

- Was Petrus als »Sprecher« der Jünger sagt, klingt unglaublich und faszinierend zugleich: »Du bist der Christus!« (V. 29) Jesus wehrt sich weder gegen diesen Titel noch bestätigt er ihn, sondern er sagt ihnen, was seine Bestimmung ist. »Der Menschensohn muss viel leiden und verworfen werden von den Ältesten und Hohen Priestern und Schriftgelehrten und getötet werden und nach drei Tagen auferstehen« (Mk 8, 31). Jesus stirbt für uns und weist mit seiner Auferstehung bis in unsere Zukunft. Er ist der »Gesalbte«, der als König Eingesetzte, er ist der Christus. Jesus aber will nicht über unser Leben herrschen, sondern auf ewig für uns eine Brücke zum Vater sein.

Anspiel: Jesus fasziniert

Charaktere: Sechs Personen zu je drei Paaren (A-B, C-D, E-F) stellen eine Menschenmenge dar, ein unsichtbarer Sprecher stellt den lehrenden Jesus dar

Kostüme: normale oder orientalische Kleidung

Requisiten: keine

Bühne: stellt einen Ort da, an dem die Menschen Jesus zuhören

»Freeze«: bewegungslos verharren

> *(Die Menschen hören Jesus zu, er selbst ist aber nicht zu sehen. Die Menge dreht dem Publikum den Rücken zu. Jeder versucht einen Blick auf Jesus zu werfen. Sie drängeln, stellen sich auf Zehenspitzen und strecken sich. Es kommen die Fragen auf: Wer redet da eigentlich? Weißt du, wer das ist?)*

J: *(aus dem Hintergrund)* Selig sind, die da Leid tragen; denn sie sollen getröstet werden. Selig sind die Sanftmütigen; denn sie werden das Erdreich besitzen ...

(Zwei Personen lösen sich aus der Gruppe, drehen sich zum Publikum und beginnen ein Gespräch.)

A: Sag mal, verstehst du, was der da erzählt?

B: Keine Ahnung, ich verstehe immer nur »selig sind …«, sonst verstehe ich nur Bahnhof. Wer ist das überhaupt? Ich habe den hier noch nie gesehen.

A: Mein Bruder hat mir erzählt, das ist so ein neuer »Revoluzzer«. Der hält überall Reden. Der zeigt unseren Politikern mal, wo es lang geht! Dann ist Schluss mit Korruption und der ganzen Heuchelei und Ungerechtigkeit, sagt er!

B: Im Ernst? Also, wenn das stimmt, dann hat dieser Typ bei der nächsten Wahl meine Stimme sicher! Das wird aber unseren »lieben« Politikern gar nicht schmecken, dass uns einer von ihnen befreien will.

A: *(horcht nach hinten)* Hör mal, was der gerade sagt …

J: *(aus dem Hintergrund)* … Selig sind, die da hungert und dürstet nach Gerechtigkeit; denn sie sollen satt werden …

B: Der redet was von hungern und dürsten …

A: Oh, gut, ich habe nämlich gerade einen leeren Magen. Wenn der so weiter macht, rufe ich ihn heute noch zum König aus!

(Beide lachen, alle Darsteller bleiben im »Freeze« stehen und bewegen sich nicht mehr. Der Prediger kann nun in der Szene umhergehen und während seiner Predigt auf das erste Paar eingehen; nach dem ersten Predigtabschnitt kommt die Szene wieder in Bewegung.)

B: *(zupft A am Ärmel)* Komm, lass uns weiter hören, was er sagt!

(Sie drehen sich wieder um und versuchen mit den anderen einen Blick auf Jesus zu werfen; zwei weitere Personen

lösen sich aus der Gruppe, drehen sich zum Publikum und beginnen ein Gespräch.)

C: Was ist das denn für ein Schwätzer? So viel Blödsinn auf einmal habe ich noch nie gehört!

D: Sag das nicht! *(ehrfurchtsvoll)* Er ist ein mächtiger Mann. Ich habe es selbst gesehen! Er hat einen Blinden wieder sehend gemacht!

C: Erzähle mir doch nichts! So etwas ist gar nicht möglich. Das sind doch billige Zaubertricks! Jeder Jahrmarkt bietet dir solche Kunststückchen.

D: Nein, wirklich, das war kein Zaubertrick! In der Zeitung stand letzte Woche, dass er auf einer Hochzeit in Kana aus Wasser Wein gemacht hat.

C: Wo hast du das denn gelesen? Wahrscheinlich in der »Bild-Zeitung«, was? Für die ist der doch ein gefundenes Fressen.

D: Das stand nicht in der »Bild-Zeitung«, sondern war ein ganz seriöses Blatt. Aber das Beste kommt noch! Gestern hat er auf einem Friedhof einen Toten wieder lebendig gemacht!

C: Erzähl mir doch nichts!

D: Doch, das ist wirklich wahr, es gab genügend Zeugen. Dahinter steckt kein Trick!

C: Ach, hör doch auf! Dir kann man aber auch alles weismachen. Das ist ein Zauberer und sonst niemand!

(Die Darsteller erstarren wieder im »Freeze«. Der Prediger geht in die Szene und hält seinen Predigtteil. Anschließend kommt die Szene wieder in Bewegung.)

D: Komm, lass uns lieber weiter zusehen, vielleicht bietet der uns heute noch etwas ganz Besonderes.

J: *(aus dem Hintergrund)* ... Selig sind die Friedfertigen; denn sie werden Gottes Kinder heißen ...

(Sie drehen sich wieder um und drängeln sich durch; zwei weitere Personen lösen sich aus der Gruppe, drehen sich zum Publikum und beginnen ein Gespräch.)

E: Schön, nicht wahr? Dieser Stil und Ausdruck.

F: Das stimmt wirklich! Wenn der nicht so gammelig herumlaufen würde, könnte man ihn fast für einen Poeten halten, ... aber wie der aussieht, total heruntergekommen.

E: Und seine Freunde erst, völlig abgehärmt und die allerletzten Klamotten an.

F: Du hast Recht, aber ich könnte ihm stundenlang zuhören. Seine Gedichte und Sprüche sind zwar oft schwer zu verstehen, aber irgendetwas packt mich daran jedes Mal.

E: Ja, und mir läuft manchmal ein Schauer über den Rücken, wenn er vom Frieden, von der Freude und der Liebe erzählt.

F: Er ist ein wirklich guter Mensch, obwohl er wie ein Landstreicher aussieht ...

E: Komm, unsere Mittagspause ist zu Ende. Jetzt geht es wieder an das wirkliche Leben! Schöne Worte sind gut und schön, aber den Bauch meiner Familie füllen sie nicht.

(Die Darsteller erstarren beim Weggehen im »Freeze«. Der Prediger kann wieder in die Szene gehen und seinen Predigtteil bis zum Ende ausführen.)

Jesus provoziert

Thema: An wen oder was hänge ich mein Herz? Wie kann Jesus Herr meines ganzen Lebens werden?

Bibeltext: Markus 10, 17–22 (»Der reiche Jüngling«)

Gedanken zum Text:

- Martin Luther: »Woran wir unser Herz hängen, das ist unser Gott.«
- Das Herz des reichen jungen Mannes hing an seinem Besitz, deswegen konnte er letztlich Jesus nicht nachfolgen. Er hatte die »sozialen Gebote« alle gehalten, aber er konnte das wichtigste Gebot nicht erfüllen: »Liebe den Herrn, deinen Gott, von ganzem Herzen, von ganzem Willen und mit deinem ganzen Verstand« (Mt 22, 34–40). Gott war überall in seinem Leben, doch an seinen Besitz ließ er Jesus nicht heran.
- Wo Jesus in unser Leben nicht hineinreden darf, wo wir Teilbereiche unseres Lebenshauses hermetisch abriegeln, da dienen wir zwei Herren (Mt 6, 24).
- Wenn wir Jesus nicht immer wieder bitten, in alle Räume unseres Lebenshauses zu kommen, dann können wir uns noch so abstrampeln, noch so fromm sein, dann wird unser Leben scheitern.

Anspiel: Jesus provoziert

Charaktere: zwei Freunde, Jesus

Kostüme: zwei Freunde: normale Kleidung, Jesus: weiße Kleidung

Requisiten: Staubwedel, Koffer, Kartons, Bettlaken, etwas Mehl (Staubersatz), Regenschirm, ggf. Holz/Papptüren, Fernseher, Bett/Liege, Tritt, Videohüllen

Bühne: stellt einen Dachboden mit Koffern, Kartons und Gerümpel dar

»Freeze«: bewegungslos verharren

(Die Freunde stehen etwas unterhalb der Bühne. Auf der Bühne stehen Koffer und Kartons, dazwischen liegt Jesus in gekreuzigter Haltung auf dem Bauch, mit einem Bettlaken über dem Kopf. Die beiden Freunde beginnen eine Unterhaltung.)

A: Ja, das kannst du mir wirklich glauben, ich habe hier noch einen echten Jesus auf meinem Dachboden. Ein Prunkstück. Den habe ich mal vor Jahren erstanden. Das waren noch Zeiten!

B: *(nickt bewundernd)* Tatsächlich? Das ist ja wirklich unglaublich! Wer hat heute schon noch einen echten Jesus in Gebrauch ...?

A: Nun ja, ich gebrauche ihn eher selten. Manchmal, zu Weihnachten und zu Ostern, stelle ich ihn im Wohnzimmer auf. Aber sonst ...

B: Ich würde ihn zu gern einmal sehen. Wäre das möglich?

A: Natürlich, kein Problem! Komm, wir gehen auf den Dachboden!

(Beide gehen auf die Bühne.)

A: Wo ist der bloß, wo habe ich ihn nur hingestellt?

(Beide fangen an zu suchen und kramen sich durch die abgestellten Dinge.)

Was für ein Gerümpel!

B: Ah, da, ich glaube da liegt er!

A: Er muss wohl umgefallen sein. Komm, wir stellen ihn wieder auf!

(Sie packen Jesus an den ausgebreiteten Armen und stellen ihn auf, nehmen ihm das Laken vom Kopf und stauben ihn mit dem Staubwedel ab.)

B: Meine Güte, ist der staubig! *(hustet)*

A: Stimmt, aber ist er nicht ein Prachtstück, noch tadellos in Ordnung, obwohl ich ihn schon lange nicht mehr benutzt habe?

B: Das kann ich gut verstehen, ich weiß schon gar nicht mehr, wo mein Jesus eigentlich geblieben ist …

(Beide gehen ein Stück nach vorn auf die linke Seite, lassen Jesus hinten stehen.)

Außerdem, wozu ist der heute denn noch gut? Früher, ja früher, als wir noch im Jugendkreis waren, ja, da konnte man ihn gut gebrauchen, aber heute …?

A: *(lacht)* Stimmt, ich habe von meinem Nachbarn gehört, dass er ihn noch häufig in seiner Glasvitrine in der Diele aufstellt, aber wenn er eine Party feiert, verschwindet sein Jesus ganz schnell in der Besenkammer.

(Inzwischen ist Jesus aus seiner Starre erwacht, schaut sich um und geht von hinten auf die beiden zu, tippt A auf die Schulter.)

J: Hallo, guten Tag, ich bin Jesus!

(Beide erschrecken fürchterlich, stecken dann ängstlich ihre Köpfe zusammen und flüstern.)

A: Hast du das auch gehört? Mein Jesus hat mit mir gesprochen!

B: Ja, aber wie ist denn das möglich? Jesus kann doch nicht wirklich lebendig sein!

(Beide schauen Jesus an, lächeln verlegen.)

A: Hallo, wie geht's denn so? Lange nicht gesehen ...

B: Jesus, wie kann das sein, dass du lebst?

J: Natürlich lebe ich, schon seit 2000 Jahren! Ich bin auferstanden und quicklebendig, wie ihr seht.

A: Jesus, so kenn ich dich gar nicht ...

J: Vor Jahren waren wir doch Freunde, da haben wir alles zusammen gemacht, weißt du noch? Das war doch 'ne tolle Zeit! Doch später durfte ich noch nicht einmal in deiner Wohnung sein ... Und heute? Heute lässt du mich auf deinem Dachboden verstauben.

A: *(verlegen)* Tja, mmh ..., weißt du ...

B: Da hast du sicher Recht, Jesus. Wir würden dich ja auch gern mit herunternehmen, aber ... *(stammelt)* du bist manchmal einfach zu ..., wie soll ich sagen, ... einfach zu sperrig.

A: *(setzt schnell nach)* Versteh das bitte nicht falsch, aber du passt so nicht in mein Wohnzimmer und in unser tägliches Leben.

J: Hey, was redest du da? Ich bin lebendig, ich will bei euch sein alle Tage, bis ans Ende der Welt und nicht irgendwo abgestellt werden. Kommt, wir gehen runter und machen wieder alles gemeinsam!

A: Jesus, das ist wirklich eine ganz tolle Idee, doch leider haben wir gerade gar keine Zeit ...

J: Na klar, ein klein wenig Zeit hat doch jeder übrig. Zeig mir doch wenigstens einmal dein Haus!

B: *(flüstert A ins Ohr)* Zeige ihm doch schnell das Wohnzimmer, dann ist er zufrieden, und wir können ihn wieder auf den Dachboden stellen.

A: Du hast Recht. Das wird wohl das Beste sein.
    (schüchtern zu Jesus gewandt)
    Kein Problem, Jesus, wir machen doch für dich gern eine Hausführung.

(Sie gehen einige Stufen hinunter an einer Tür vorbei.)

J: Was ist denn in diesem Zimmer?

A: *(fühlt sich ertappt und stottert)* Ach das, ach, das ist ein ganz unwichtiges Zimmer.

J: Was machst du in dem Zimmer, es interessiert mich!

A: Och, das ist nur mein Arbeitszimmer ... Weißt du, da arbeite ich und mache die Steuererklärung und andere unwichtige Dinge ...

J: Das ist doch sehr interessant! Steuererklärungen sind mein Hobby!

B: Jesus, das ist doch nichts für dich, das können doch andere machen. Die vielen Zahlen, absolut langweilig, und außerdem, was könnte an einer Steuererklärung schon interessant sein ...

J: Oh, mir würde da schon etwas einfallen ...

B: *(schiebt Jesus weiter)* Nein, nein, nein, lass uns lieber ins Wohnzimmer gehen.

(Die Darsteller gehen in den »Freeze« und bleiben bewegungslos stehen. Der Prediger kann die Szene betreten, mit seiner Predigt beginnen und direkten Bezug auf die letzte

Szene nehmen; nach diesem Abschnitt kommt die Szene wieder in Bewegung.)

(Sie gehen an einer weiteren Tür vorbei.)

J: Hey, wartet mal. Was ist denn in diesem Zimmer?

A: Das ist nun wirklich kein wichtiges Zimmer, Jesus. Nur ein paar Betten und sonst …

J: … Kein wichtiges Zimmer? Hier schläfst du doch und träumst und hier schläft doch auch deine Frau …

A: *(stottert)* Meine, meine Frau …, also die, die …

J: Das letzte Mal habe ich sie bei eurer Hochzeit gesehen, in der Kirche. Das ist aber schon lange her. Wie geht es ihr denn?

A: Ach, weißt du, das mit meiner Frau ist so eine Sache, es hat mit uns nicht so gut harmoniert …

J: Das tut mir Leid, erzähle mir davon.

A: Tja, weißt du …, ich habe damals in der Firma eine Arbeitskollegin kennen gelernt … und bei einer Betriebsfeier, na ja, wie soll ich das sagen …

J: *(betroffen)* Was ist bei der Betriebsfeier passiert?

B: *(dreht J von A abrupt weg)* Jesus, das sind doch alles alte Geschichten, lass uns lieber ins Wohnzimmer gehen!

(Die Darsteller gehen in den »Freeze«. Der Prediger betritt die Szene und hält seinen Predigtteil; anschließend erwacht die Szene wieder zum Leben.)

B: *(deutet auf den Fernseher)* Jesus, hier unten ist es doch viel schöner. Sieh mal, das gemütliche Sofa und ein toller Panoramafernseher.

J: Super! Ferngesehen habe ich schon lange nicht mehr! Lasst uns doch einen schönen Fernsehabend machen! Ach, ich sehe schon, ihr habt euch ein paar Videos ausgeliehen …

(nimmt eine Hülle in die Hand und schaut sich das Titelbild an) Spielt der Film am Strand? Die sind alle so, … so nackt …? *(hebt erstaunt die Augenbrauen)*

A: *(stottert sehr verlegen)* Ach, die Vi-Vi-Videos, die-die sind, äähm …

B: Tja, tut mir Leid, Jesus *(schaut auf die Uhr)*, ich habe gerade gesehen, dass wir ganz schnell weg müssen … *(blinzelt zu A hinüber)*

(Beide drängen ihn auf den Dachboden zurück.)

Ich habe nämlich gleich eine ganz wichtige Verabredung im Fitnessstudio und du weißt ja *(tätschelt Jesus)*, in einem gesunden Körper wohnt ein gesunder Geist …

(Sie breiten seine Arme zum Kreuz aus, knicken seine Beine ein.)

A: … und ich habe noch einen Berg von Arbeit auf meinem Schreibtisch, tut mir Leid, Jesus, vielleicht ein anderes Mal.

(Sie hängen ihm das Tuch über den Kopf und den Regenschirm an den Arm und gehen ab; der Prediger betritt wieder die Bühne und hält den Schluss seiner Predigt.)

Jesus motiviert

Thema: Wie können wir Jesus nachfolgen, ohne uns zu »verzetteln«?

Bibeltext: Matthäus 9, 35 – 10, 1 (»Die große Ernte«)

Gedanken zum Text:

- Nachdem in den vorhergehenden Textpassagen (Mt 5 – 7) Jesu Lehre und sein Handeln vorgestellt wurden, führt dieser Text in den nächsten großen Abschnitt ein, der zunächst von der Aussendung der Jünger handelt.
- Wir sollen Nachfolger, Jünger Jesu, sein, doch auf welche Weise? Mission ja, aber wo und wie sollen wir anfangen? Sehen wir die große Ernte, oder resignieren wir eher vor leeren Kirchenbänken? Ist das Evangelium nicht mehr zeitgemäß? Geben wir als »Erntearbeiter« nicht viel zu oft schon beim Blick auf das große »Feld« gleich wieder auf?
- »... denn sie waren verschmachtet und zerstreut wie die Schafe, die keinen Hirten haben« (V. 36). Jesus sieht unsere Schwachheit. Er weiß, dass wir mit der Ernte überfordert sind. Wir können nicht aus eigener Kraft zu den Menschen gehen. Wir brauchen Gottes Kraft. Wir müssen Gott bitten, dass er Arbeiter in seine Ernte sendet. Allein die von Gott gesandten Arbeiter können die Ernte einfahren.
- Jesus will uns motivieren. Unsere Gebete um Arbeiter wird Gott nicht überhören. Doch wir sollen auch lernen, unseren Blick für die Mission neu zu schärfen, sonst fangen wir gar nicht erst an den Herrn, der Ernte zu bitten. Ohne Got-

tes Hilfe können wir keinem Menschen das Evangelium bringen. Gott allein beruft die Erntearbeiter.

Anspiel: Jesus motiviert

Charaktere: drei Gäste eines Cafés, Chef des Cafés, drei Kellner

Requisiten: drei Bistrotische, Pappteller, Plastikmesser- und Gabeln, Pappbecher, zwei Wasserflaschen, Essensimitationen, Kuchen, drei Speisekarten, drei Tabletts, Kännchen und Tasse, zwei Weinflaschen und ein Weinglas, Notizblock und Stift

Kostüme: Gäste: normale Kleidung (evtl. Schlips und Kragen), Kellnerschürzen, weiße Hemden und schwarze Fliegen

Bühne: stellt ein Café dar (Schild und Dekoration für »Café Royal«)

»Freeze«: bewegungslos verharren

(Drei leere Bistrotische stehen versetzt auf der Bühne. Ein Kellner wartet auf Kundschaft; plötzlich betritt ein Gast das Café und stellt sich an einen Bistrotisch.)

G1:   Guten Tag!

K1:   *(mit ausgesuchter Höflichkeit)* Einen wunderschönen guten Tag! Was kann ich Ihnen denn bringen?

G1:   *(schaut kurz in die Karte)* Ein Mineralwasser und ein Stück Schokoladenkuchen bitte.

K1:   Selbstverständlich, kein Problem, kommt sofort. *(schreibt es auf seinen Block, geht ab und gibt den Zettel in der Küche ab)*

(Ein weiterer Gast betritt das Café und stellt sich auch an einen Bistrotisch, K1 kommt gerade mit einem vollen Tablett zurück und serviert G1.)

G1: Vielen Dank.

G2: Herr Ober, ich möchte gerne bestellen!

K1: Komme sofort, mein Herr. Einen wunderschönen guten Tag, was kann ich für Sie tun?

G2: Guten Tag. *(schaut dabei in die Karte)* Ich hätte gerne ein Baguette und einen Pfefferminztee.

K1: Gerne doch, bringe ich Ihnen sofort. *(geht ab)*

(Ein weiterer Gast betritt das Café und stellt sich an den dritten Bistrotisch; K1 serviert G2; noch bevor er alles abgestellt hat, wird er von G3 energisch gerufen.)

G3: Herr Ober!

K1: *(beim Servieren)* Kleinen Moment bitte! *(stellt alles sorgsam hin)*

G3: *(mit Nachdruck)* Herr Ober!!

K1: Sofort, sofort, da bin ich schon. Was darf ich Ihnen bringen?

G3: Haben Sie einen trockenen Rotwein?

K1: Einen »Chateau Villeneuf« und einen »Casa Rosso« haben wir auf der Karte. *(zeigt auf die entsprechende Seite)*

G3: Von guter Qualität sind die aber nicht gerade. Haben Sie keinen aus Deutschland? *(K1 schüttelt den Kopf)* Na gut, dann nehme ich ein Glas von dem französischen, aber vielleicht können Sie mir beide erst einmal zum Probieren bringen.

K1: Natürlich, kommt sofort. *(geht ab)*

(K1 kommt mit dem Tablett zurück, serviert G3, lässt ihn den Wein vorher kosten.)

G3:   *(prüft kritisch)* Schmeckt gar nicht so schlecht …

        (plötzlich ruft G1)

G1:   Herr Ober, ich möchte gerne noch ein Eis bestellen.
K1:   *(schon etwas gereizter)* Moment bitte, komme gleich!
G3:   Ja, nun mal nicht so hektisch. Der Kunde ist schließlich
        immer noch König oder etwa nicht?
K1:   Ja, ja, natürlich …
G2:   Herr Ober, ich möchte bitte zahlen.
K1:   Kleinen Moment bitte …
G3:   Was ist denn nun, bringen Sie mir jetzt noch den ande-
        ren Wein, oder soll ich das Lokal wechseln?
G1:   Kellner, bitte noch ein Eis!
K1:   *(zu G3)* Aber mein Herr, ich komme sofort wieder …
        (eilt zu G1)
        Was darf es denn für ein Eis sein?
G1:   Ein gemischtes bitte, aber ohne Erdbeer.
K1:   Mit oder ohne Sahne?
G2:   Herr Ober, zahlen bitte!
K1:   *(deutlich gereizt)* Ich komme gleich.
G1:   Mit Sahne bitte.
G2:   Man wird doch wohl noch sein Geld loswerden dür-
        fen …

        *(K1 eilt davon und kommt mit Eis und zweitem Wein
        wieder. Als er gerade das Eis servieren will, ruft G2 wie-
        der nach K1 und stößt dabei mit seinem gereckten Arm
        gegen das Tablett. Alles fällt zu Boden. K1 rutscht weg und
        bleibt liegen.)*

G2:   Entschuldigen Sie bitte …
K1:   Vorsicht! Ahh …!

        *(Alle Darsteller gehen in den »Freeze« und bleiben bewe-
        gungslos auf ihren Positionen.*

Der Prediger betritt die Bühne und beginnt mit seinem Predigtteil. Dieser erste Teil überträgt solche Situationen in unsere Gegenwart, auf unsere Gemeinden (z. B. Burnout-Syndrom usw.). Er endet mit der Frage: »Was kann der Kellner jetzt tun?« Der »Freeze«-Zustand wird aufgehoben, und eine Möglichkeit wird dargestellt.)

(K1 springt überaus wütend auf und ruft sehr laut.)

K1: Jetzt habe ich aber endgültig genug! Diese ewige Plackerei! Ich kündige!
(reißt sich seine Schürze vom Leib, wirft sie auf den Boden und rennt raus)

(Alle gehen wieder in den »Freeze«-Zustand und der zweite Predigtteil beginnt. Er endet mit der Frage: »Was könnte der Kellner noch tun?«)

K1: *(geht zu seinem Chef, der an der Seite steht)* Chef, so geht das nicht weiter! Ich brauche dringend Verstärkung, die Arbeit wird einfach zu viel. Das kann ich allein nicht mehr packen.

Chef: Warum hast du das nicht schon früher gesagt? Wenn ich das gewusst hätte! *(pfeift)*

(Zwei weitere Kellner betreten den Saal und bedienen die Gäste überaus höflich. K1 schaut erfreut auf das Treiben.)

(Es kommt wieder zu einem »Freeze«, und der Prediger hält seinen letzten Predigtteil: »Darum bittet den Herrn der Ernte, dass er Arbeiter in seine Ernte sende.«)

Ad-hoc-Kurzanspiele

Jeder kennt diese Situation: Wir wollen eine Andacht oder Predigt halten, aber uns fehlt der richtige Einstieg oder das Element der Illustration. Eine Anspielgruppe gibt es in der Gemeinde nicht, und auch die schauspielerischen Gaben sind bei den Gemeindegliedern noch wenig oder gar nicht vorhanden. Außerdem ist die Zeit sehr begrenzt, und andere Aktivitäten lassen keine ausführlichen Vorbereitungen zu.

Sollten wir jetzt lieber gar nichts machen und die Andacht oder Predigt für sich stehen lassen, anstatt etwas Unfertiges aufzuführen? Das ist sicherlich oftmals besser, als ein schlecht vorbereitetes Anspiel vom Zaun zu brechen. Doch es gibt noch die Möglichkeit der Ad-hoc-Kurzanspiele. Sie können zwar ein richtiges Anspiel nicht ersetzen, stellen aber eine gute Möglichkeit für einen Einstieg in ein Thema oder Text dar und beziehen die Teilnehmer spontan mit ein. Ihre Vorbereitungszeit ist nicht länger, als die Einweisung der Mitspieler dauert, das heißt, nicht länger als fünf bis zehn Minuten. Die folgenden Ad-hoc-Kurzanspiele sollen ein »Notfallkoffer« und auch Ideengeber für eigene Kurzanspielideen sein.

Thema: Gebet

Beim Hereinkommen spontan ausgewählte Mitspieler erhalten **kleine Zettel mit kurzen Sätzen** (bitte nur »willige« Personen nehmen, und solche, denen Sie zutrauen, dass sie im Gottesdienst oder während der Veranstaltung laut etwas sagen). Diese Sätze sollen die Personen vor der Andacht oder Predigt nacheinander oder währenddessen auf ein bestimmtes Zeichen hin laut vorlesen. Nummerieren Sie die Zettel durch, oder schreiben Sie das entscheidende Stichwort in die erste Zeile. Wenn Sie die Sätze in Ihre Andacht oder Predigt einbauen wollen, schreiben Sie in die erste Zeile die vorangehenden Halbsätze, und notieren Sie die ungefähre Einsatzzeit (z. B. »gleich nach Beginn«, »nach dem Einleitungsteil«, »gegen Ende« usw.). Auf den Zetteln könnten folgende Sätze stehen:

— Beim Beten redet man doch nur mit sich selbst.
— Beten ist meditieren.
— Beim Beten spreche ich nur meine Wünsche aus.
— Bei mir ist noch kein Gebet erhört worden.
— Beten tun nur schwache Menschen.
— Not lehrt beten.
— Beim Beten besinnen wir uns auf uns selbst.
— Beten ist reden mit Gott.
— usw.

Lassen Sie die verschiedenen Stimmen im Raum sprechen, und nehmen Sie deutlich auf die Aussagen Bezug. Die Einsatzmöglichkeiten sind unbegrenzt. Viele Themen können damit bearbeitet werden.

Thema: Liebe und Vergebung

Zwei Personen stehen vorne nebeneinander. Die eine hält ein **Schild**, auf dem »**Liebe**«, die andere ein **Schild**, auf dem »**Vergebung**« steht (Pappschilder mit Haltestab). Sie schauen sich freundlich und liebevoll an und sagen lächelnd in wechselnder Folge: »Liebe«, »Vergebung«, »Liebe«, »Vergebung« ... Dabei versuchen sie sich durch ihren Tonfall an Freundlichkeit und Zuneigung zu übertreffen. Plötzlich schlägt die Stimmung um. Der Tonfall wird fordernder und vehementer. Die Blicke verfinstern sich. Es wird ein richtiger Streit daraus, wobei immer noch die beiden Wörter abwechselnd gesprochen werden. Der Streit eskaliert. Wo vorher Eintracht herrschte, kommt es nun zum Streit. Die Worte verlieren ihre Bedeutung und werden allein zum leblosen Instrument, um es dem anderen um die Ohren zu hauen. Am Ende jagt der eine den anderen den Gang entlang zum Ausgang, wobei er ihn mit seinem Schild verhauen will und immer wieder sein Wort ruft.

Mit dieser grotesken Szene können wir in das Thema Liebe und Vergebung einsteigen und auf alle Schwierigkeiten eingehen, die damit zusammenhängen: Wichtige Begriffe des christlichen Glaubens werden instrumentalisiert, andere Begriffe werden zu bedeutungslosen Floskeln, aus Liebe und Vergebung kann Hass werden, man redet von dem Einen und tut das Andere usw.

Thema: Jesus

Zwei Personen stehen an unterschiedlichen Stellen im Raum.
Wer war Jesus? Was ist deine Meinung über Jesus? Sie rufen
abwechselnd und in immer schneller werdender Folge **Assoziationen über Jesus** in den Raum:

— Von Kopf bis Fuß auf Jesus eingestellt.
— Jesus, der Mann, der in kein Schema passt.
— Nerv mich nicht mit deinem Jesus.
— Jesus ist spitze.
— Jesus ist ein abgedrehter Spinner.
— Jesus ist was für Omis und Opis.
— Jesus bringt Farbe in mein Leben.
— Jesus ist gut für Ökos und Pazifisten.
— High sein, frei sein, Jesus muss dabei sein!
— Jesus hat mit meinem Leben nichts zu tun.
— Jesus liebt dich.
— Gib Jesus eine Chance.
— Jesus — alles was Spaß macht, ist verboten.
— Jesus, der erste neue Mann.
— usw.

Diese Einstiegsszene kann vor der Begrüßung oder vor der
Predigt gespielt werden.

Thema: Zeugnis geben

Starten Sie die Veranstaltung mit einem »**Heißen Stuhl**« zum Thema. Bereiten Sie einen schön gestalteten Stuhl vor (mit bemalten Pappen verziert und geschmückt). Stellen Sie nun verschiedene Behauptungen über das Thema in den Raum:

Glaube ist Privatsache.
Jeder Christ ist zum Zeugnis gegenüber seinen Mitmenschen verpflichtet.
Glaube gehört in die Kirche, nicht an den Arbeitsplatz.
usw.

Fordern Sie Gottesdienstbesucher auf, nach vorne zu kommen und sich auf den »Heißen Stuhl« zu setzen und spontan etwas zu der Behauptung zu sagen. Dabei spielt es keine Rolle, ob der Teilnehmer der Aussage zustimmt oder nicht. Sie können auch Rückfragen stellen und die Behauptung noch verstärken. Umrahmen Sie die ganze Aktion durch eine gekonnte Moderation, wie wir sie aus dem Fernsehen kennen. Sie können jedem »Mutigen« eine kleine Süßigkeit als Dankeschön mitgeben. Am Anfang einer Veranstaltung hat dieses Anspiel den positiven Nebeneffekt, dass die Teilnehmer in Bewegung kommen und der ganze Ablauf aufgelockert wird. Sie können diese Aktion auch vor der Predigt machen. Sie bietet viele Anknüpfungspunkte für einen Einstieg.

Selbstverständlich kann dieses Ad-hoc-Anspiel auch für andere Themen verwendet werden.

Thema: Bibel

Spielen Sie am Anfang der Veranstaltung ein altbekanntes Spiel mit den Teilnehmern: »**Der große Preis**« **in Kurzform.** Teilen Sie die Besucher in zwei bis vier Mannschaften ein (je nach Sitzplätzen). Moderieren Sie das Ganze so, wie wir es vom Fernsehen kennen. Bereiten Sie eine große Pappe oder eine Overheadfolie (z. B. in Farbe) vor. Wählen Sie folgende Kategorien: Bibel, Fernsehen, A-Z. Darunter machen Sie drei Zeilen: 40, 60, 80, 100.

Das Los (z. B. zwei bis vier Zettel in einen Hut legen, einen ziehen lassen) entscheidet, welche Mannschaft beginnt. Die Gewinnstufen können die Mannschaften wählen und bekommen dafür eine der Punktezahl entsprechende Frage. Sie dürfen sich untereinander beraten. Die Mannschaft hat 30 Sekunden für die Antwort Zeit. Nach der richtigen Antwort wird die Frage gestrichen und ist nicht mehr wählbar. Gibt die Mannschaft keine oder die falsche Antwort, dürfen die anderen Mannschaften weiter raten (die schnellste Meldung entscheidet). Am Ende werden alle Punkte zusammengezählt und die Siegermannschaft erhält einen kleinen Preis, bzw. Trostpreise werden vergeben (Bonbons etc.).

Denken Sie sich Fragen aus, die der durchschnittliche Teilnehmer beantworten kann. Nehmen Sie eine klare Schwierigkeitsabstufung vor (je nach Punktezahl). Sie können am Ende des Spiels gute Überleitungen von gewussten oder nicht gewussten Fragen zum Thema herstellen. Was wissen die Menschen heute über die Bibel? Kennen sie sich in anderen Bereichen (z. B. Fernsehen) viel besser aus? Woran liegt das? Muss ich Dinge aus der Bibel »wissen«? Warum ist die Bibel auch heute noch konkurrenzlos wichtig?

Thema: Glaube

Der Raum ist dunkel. Plötzlich geht in irgendeiner Stuhlreihe eine **Taschenlampe** an. Der Spieler mit der Taschenlampe sucht etwas. Er geht gebückt und wortlos durch die Reihen, sucht unter Sitzen, Jacken, Vorhängen usw. Nach einiger Zeit wird er vom Moderator angesprochen. »Entschuldigen Sie, kann ich Ihnen vielleicht weiterhelfen? Suchen Sie etwas? Vielleicht hat es jemand von uns gesehen?« Der »Sucher« antwortet: »Nein, vielen Dank, ich komme schon alleine zurecht.« Er sucht weiter. Es kommt wieder zum Gespräch. »Wissen Sie, ich suche nach Glauben.« Darauf antwortet der Moderator: »Meinen Sie denn, Sie finden bei uns keinen Glauben?« »Nein, nein ich suche nach Glauben für mich. Irgendwo muss doch einer für mich dabei sein.« Während er das sagt, bewegt er sich zum Ausgang. »Ich glaube, ich schaue draußen noch einmal weiter.« Der »Sucher« verlässt den Raum.

Der Moderator kann nun an das Thema anknüpfen: Sollen wir den Glauben suchen? Wenn ja, wo sollen wir suchen? Muss ich mich anstrengen, um Glauben zu bekommen? Was ist Glaube eigentlich? Wie bekomme ich persönlichen Glauben?

Thema: Schuld

Vier Leute stehen vorne nebeneinander, mit dem Gesicht zum Publikum. Jeder hält in der rechten Hand eine große **Metalldose**. Auf den Dosen sind Zettel mit der deutlichen Aufschrift »Schuld« aufgeklebt.

Der Erste wiegt nun sein Dose hin und her und bietet sie dem Zweiten pantomimisch an. Dieser macht abwehrende Bewegungen. Der Erste stellt seine Dose einfach auf die Dose des anderen. Dessen Schuld hat sich nun verdoppelt. Der Erste stellt sich wieder in die Reihe, verschränkt die Arme und bleibt bewegungslos stehen. Der Zweite balanciert seine beiden Dosen und wendet sich an den Dritten. Er versucht ihm seine Schuld aufzudrängen. Dieser wehrt sich vergeblich. Der Zweite setzt seine beiden Dosen auf die des Dritten. Dieser balanciert mit viel Mühe die drei Dosen. Er wendet sich an den Vierten. Dieser sieht die drei Dosen und ahnt, was passieren wird. Der Vierte will gerade das Weite suchen, als ihn der Dritte am Kragen packt. Sofort stellt er seine drei Dosen auf die des Vierten. Genauso wie der Zweite stellt sich der Dritte mit verschränkten Armen bewegungslos zurück in die Reihe. Der Vierte balanciert seine Dosen »Schuld« wild umher, bis plötzlich der Turm mit lautem Krach und der Vierte zu Boden fallen. Die anderen Drei schauen gleichzeitig zu ihm hinunter und dann mit abweisendem Gesichtsausdruck zur anderen Seite nach oben.

Dieses kurze pantomimische Anspiel macht das »Schuld-Zuschieben« deutlich. Wir schieben uns gegenseitig die Schuld zu. Nie wollen wir es gewesen sein, nie sind wir beteiligt gewesen. Wo passiert dieses »Schuld-Zuschieben« (z. B. im öffentlichen Leben, aktuelle Tagespolitik, in der Gemeinde usw.)? Jeder Mensch wird schuldig an sich selbst, am Mitmenschen und an Gott. Jeder muss seine Schuld erkennen, tragen und abgeben lernen. Wie nimmt Gott uns unsere Schuld? Wie behandelt er Menschen, die sich von ihm entfernt haben? Wie können wir Vergebung empfangen und weitergeben?

Thema: Gemeinschaft

Zwölf Leute bekommen einen Buchstaben des Wortes »Gemeinschaft« auf den Rücken geheftet. Vor der Begrüßung sollen sie nach vorne kommen und sich so zusammenstellen, dass ein sinnvolles Wort entsteht. Sie kennen das Wort bzw. das Thema des Tages nicht. Die Mitspieler müssen sich gegenseitig fragen, was auf ihrem Rücken steht und miteinander absprechen, was für ein Wort sie bilden könnten. Sollte es zu lange dauern, darf der Moderator auch helfen und Hinweise geben, z. B. welche Buchstaben gut zusammenpassen. Am Ende sollen alle als »Gemeinschaft« nebeneinander stehen.

Hierbei soll deutlich werden, dass Gemeinschaft gar nicht so leicht zu leben ist. Wir müssen auf den anderen zugehen, mit ihm reden und zusammenarbeiten, auch beim wiederholten Nachfragen freundlich sein usw. Der Moderator kann hier mit seinem Themeneinstieg anknüpfen.

Thema: Sünde

Vorn steht jemand, der eine **schwarze Binde** vor den Augen hat. Auf dieser Binde steht in weißer Farbe »Sünde«.

Er wirkt orientierungslos und tastet im Raum umher. »Hallo, ist hier jemand? Kann mal jemand das Licht anmachen? Mensch, ist das dunkel!« Plötzlich wird er von einem anderen angesprochen. »Was irrst du denn hier umher? Das Licht ist doch an. Du hast nur eine Binde vor den Augen!« Darauf entgegnet der andere: »Eine Binde? Nein, das würde ich doch merken! Ihr habt das Licht bloß ausgeschaltet. Schalte es doch wieder an!« Der andere führt ihn zur Mitte. »Warte mal, ich entferne dir die Binde, dann wirst du sehen, dass es ganz hell ist.« Er versucht ihm die Binde abzunehmen, doch dieser wehrt sich und macht sich los. »Fass mich nicht an! Ich weiß selbst am besten, was für mich gut ist. Als wenn du die Weisheit mit Löffeln gefressen hättest!« Der andere wirkt hilflos. »Ich wollte dir doch nur helfen. Es ist doch so schön hell hier ...« Der Blinde tastet sich energisch und vehement Richtung Ausgang. »Dann werde ich den Lichtschalter eben selbst finden!« Er verschwindet durch die Tür.

Die Sünde, das was uns von Gott trennt, kann wie eine Binde vor unseren Augen sein. Sie hindert uns daran, unser wahres Leben zu sehen und unseren Mitmenschen. Unter der Binde entstehen unsere eigenen Bilder. Es entsteht die Realität, die wir gerne sehen wollen, die wir überhaupt noch ertragen können.

»Der Herr macht die Blinden sehend« (Ps 146, 8).

»... er hat mich gesandt, zu predigen den Gefangenen, dass sie frei sein sollen, und den Blinden, dass sie sehen sollen und den Zerschlagenen, dass sie frei und ledig sein sollen ...« (Lk 4, 18 b).

Thema: Jesus stirbt für uns

Vorn steht ein Tisch. Auf ihm sitzen drei Personen im Halbkreis zum Publikum hin. Der Tisch stellt einen **Heißluftballon** dar. Er ist in Not geraten, er ist zu schwer und fällt sehr schnell. Eine Person muss abspringen, damit die anderen gerettet werden. Doch wer soll sich für die anderen opfern? Es kommt zu einer heftigen Diskussion, in der jeder seine Wichtigkeit (berühmter Wissenschaftler, Politiker usw.) verteidigt. Am Ende steht die Frage: Wer ist der wertvollste Mensch von uns? Im Streit darüber kommt es zu einer Rangelei und alle fallen gemeinsam aus dem Ballon (vom Tisch).

Niemand der drei will sich opfern, sich für die anderen hingeben. Wir Menschen tun das in der Regel nicht, und wenn wir es tun, werden wir zu Helden oder Heiligen gemacht. Nur einer hat sich für alle Menschen hingegeben. Er wurde geopfert, nicht als Held, und er wurde auch kein Heiliger. Er war Gottes Sohn. Er starb für uns, damit wir nicht absinken und zugrunde gehen, sondern aufsteigen, als hätten wir die Schwingen eines Adlers.

»Der auch seinen eigenen Sohn nicht verschont hat, sondern hat ihn für uns alle dahingegeben — wie sollte er uns mit ihm nicht alles schenken?« (Röm 8, 32)

Lassen Sie sich durch diese Beispiele zu eigenen Kurzanspielen anregen!

Frozen Pictures

Was sind »Frozen Pictures«?

Frozen Pictures sind buchstäblich **gefrorene Bilder**. Man könnte sie auch als »stille« Anspiele bezeichnen. Sie sind die »Anspiele vor den Anspielen«. Sie werden vor den eigentlichen Veranstaltungen durchgeführt. Frozen Pictures geben schon einen kleinen Hinweis auf das Thema der Veranstaltung. Sie bauen Spannung auf, lassen erahnen, verraten aber nicht zu viel.

Die **Darsteller verharren bewegungslos** eine bestimmte Zeit in einer festgelegten Position. Niemand spricht oder agiert. Es wird eine Szene dargestellt, die eine bestimmte Aussage transportieren oder auf einen bestimmten Sachverhalt hinweisen soll.

Diese gefrorene Szene ist **räumlich nicht begrenzt**. Sie kann am Eingang beginnen und auf der Bühne enden. Alle Darsteller stehen in irgendeiner Weise mit der Kernszene des Frozen Pictures in Verbindung (z. B. durch Requisiten, Blicke, eingefrorene Bewegungen). Dadurch, dass man diese gefrorenen Bilder sehr gut auseinander ziehen kann, eignen sie sich auch hervorragend für Straßenevangelisationen (z. B. in einer Fußgängerpassage) oder für große Veranstaltungen und Gottesdienste (z. B. in Hallen).

Die Darsteller können zwischen den Zuschauern, Passanten oder hereinkommenden Gottesdienstbesuchern stehen (z. B. in Durchgängen oder Sitzreihen). Dabei ist es gewollt, dass Sie **den Ankommenden geradezu im Weg stehen**, denn so erregen sie Aufmerksamkeit. Die Anzahl der Darsteller ist nicht begrenzt. Frozen Pictures sind leicht zu erlernen und deshalb der ideale Einstieg für angehende Anspieldarsteller oder andere Gemeindeglieder, die einfach gerne mitarbeiten wollen.

Anleitung und Durchführung

Bei einem Frozen Picture sollte ein **Darstellungsleiter** benannt werden. Dieser gibt das Startsignal, bei dem alle Darsteller gleichzeitig losgehen und ihre Positionen einnehmen. Er überwacht auch während der Szene die Zeit und gibt ein verstecktes, vorher abgesprochenes Zeichen, bei dem alle gemeinsam wieder ihre Positionen verlassen und die Szene auflösen.

Ein Frozen Picture sollte **nicht länger als drei Minuten** dauern. Meist können die Darsteller ihre Position auch nicht länger halten (z. B. einen Arm erhoben halten). Deshalb sollte die Szene kurz vor der Veranstaltung gestartet werden oder in Abständen immer wieder neu, wobei dazwischen mindestens eine Pause von zehn Minuten sein muss.

Die **Ablauf** sieht dann folgendermaßen aus:
1. Die Darsteller sammeln sich an einem bestimmten Ort mit ihren Requisiten.
2. Der Darstellungsleiter gibt das Signal, und alle nehmen gleichzeitig ihre vorher festgelegten Orte und Positionen ein.
3. Alle verharren wort- und bewegungslos.
4. Der Darstellungsleiter gibt das versteckte Zeichen, alle verlassen ihre Positionen, und die Szene löst sich auf (alle gehen wieder gemeinsam an den Ausgangsort).

Beispiel

In einer **Fußgängerpassage** möchte man auf eine nachfolgende Evangelisation oder eine abendliche Veranstaltung aufmerksam machen:

Die Kernszene besteht aus einer Gruppe, die sich um einen Regenschirm postiert. Der **Regenschirm** wird aufgespannt (sehr wirkungsvoll bei geschlossenen Räumen) und mehrere Darsteller postieren sich unter ihm. Einer schaut vorsichtig unter dem Schirm hervor und prüft skeptisch die Feuchte. Ein anderer schaut auf die **Uhr.** Ein weiterer hält den Schirm mit starrem Gesicht. Einer hält ein **Schild, auf dem die Einladung gut lesbar geschrieben steht** (am besten auf gelber oder roter Pappe). Um den Schirm in weiten Kreisen angeordnet befinden sich weitere Darsteller. Einer hat einen **gelben Gummihandschuh** an. Mit diesem zeigt er mit sehr entschlossenem Gesichtsausdruck auf das Schild. Ein weiterer Darsteller steht weiter weg. Er macht mit den Händen eine **abwehrende Geste** und wendet sich vom Schild ab. Ein anderer Darsteller trägt **Schwimmflügel und Schwimmflossen.** Er macht eine eingefrorene, »schwimmende« Bewegung hin zum Schirm. Weitere Darsteller können angeordnet werden (z. B. im Regenmantel) ...

Lassen Sie Ihrer Fantasie freien Lauf! Denken Sie sich eigene Szenen aus, und bestücken Sie sie mit ungewöhnlichen Requisiten. Versuchen Sie auch auf Inhalte aufmerksam zu machen (z. B. kann auf dem Schild auch ein Wort aus dem Thema stehen: »Vergebung«). Sie können die Pictures und Requisiten dem Thema anpassen, aber Sie können sie auch ungewöhnlich gestalten, um mehr Aufmerksamkeit zu erregen.

Frozen Pictures können von Moderatoren oder Predigern sehr gut als Einstieg benutzt werden.

Und nun, viel Spaß beim Gefrieren!

Tipps und Tricks zur Einübung und Aufführung

In meinem Buch »Anspiele zu biblischen Texten« (Hänssler, 2000) habe ich ausführlich Tipps und Tricks zur Einübung und Aufführung gegeben. Im folgenden Kapitel möchte ich diese kurz zusammenfassen und zu den wichtigsten Schritten bei der Einübung und Aufführung anleiten.

Vor der Aufführung

- Es sollte *einer* die Vorbereitungen für das Anspiel verantwortlich in die Hand nehmen. Durch das Einsetzen eines **Anspielleiters** kann viel Stress vermieden werden, gerade wenn kurz vor der Aufführung die Hektik ausbricht. Dabei kommt es nicht darauf an, ob diese Person selbst mitspielt. Oft ist es sogar sehr hilfreich, wenn ein außen Stehender, unbelastet von Text und Spielen, die Szenen beobachtet, konstruktiv kritisiert und den Schauspielern Organisatorisches abnimmt.

Einübung

- Es sollte **drei Proben** vor der Aufführung geben:
  Die erste sollte mindestens eine Woche vorher stattfinden, mit einer Länge von eineinhalb Stunden. Ziel dieser Probe ist es, einen kompletten Durchlauf des Anspiels zu erreichen. Dabei darf es durchaus Fehler geben. Das Grund-

gerüst, der grobe Rahmen, soll aber schon stehen, denn das schafft ein Gefühl größerer Sicherheit.

Die zweite Probe sollte ca. drei Tage vor der Aufführung stattfinden. Sie muss mindestens die Länge von einer dreiviertel Stunde haben. In dieser Probe sollen letzte Feinheiten geübt und ein Generalprobendurchlauf vorgenommen werden.

Der letzte Termin wird unmittelbar vor der Aufführung angesetzt und braucht nicht länger als 15 Minuten zu dauern. In dieser Probe wird nicht gespielt, sondern man geht den Ablauf im Schnelldurchlauf durch, und der Anspielleiter gibt noch letzte Hinweise.

Bei der Wahl des **Übungsraumes** sollte darauf geachtet werden, dass er ungefähr den Maßen der Originalbühne entspricht. Beim Proben muss man dann festlegen, zu welcher Wand hin die scheinbaren Zuschauer sitzen, damit die Schauspieler gleich sehen, ob sie richtig zum Publikum stehen. Natürlich ist es am besten, wenn die Originalbühne selbst für die Proben zur Verfügung steht, doch das ist leider nicht immer möglich.

- Als Anspielteam ist es wichtig, dass wir nicht nur zusammen üben, sondern auch eine **geistliche Einheit** bilden. Wenn wir unser Spielen nicht in die Hände Gottes legen, laufen wir Gefahr, zu unserer Ehre die Aufführung vorzubereiten. Deshalb ist es gut, vor dem Üben gemeinsam zu beten sowie über den Inhalt des Anspiels und das Thema zu sprechen.

- Die Frage nach den **Requisiten**, dem **Bühnenbild** und der **Technik** muss auch in der ersten Probe gestellt werden. Es ist wichtig, dass genau festgelegt wird, wer für welche Requisite verantwortlich ist, diese organisiert und mitbringt.

Oftmals lassen sich auch aus wenig Dingen (Tisch, Stuhl, Landkarte, Telefon, Schreibmaschine, Sperrholzwand, Lampen usw.) eindrückliche Bühnenbilder herstellen. Aufwändige Lichttechnik, plötzliche Musikeinspielungen u. a. sind immer **Unsicherheitsfaktoren** im Ablauf des Stücks. Darum gilt auch hier, dass weniger manchmal mehr ist. Je einfacher der Ablauf ist, desto mehr können sich die Schauspieler auf ihr Spielen konzentrieren, und das ist ja schließlich das Wichtigste.

■ Bevor wir nun richtig mit dem Üben beginnen, ist es wichtig, dass wir uns **warm machen.**

Einige Beispiele:

1. Als Erstes können wir das Stück gemeinsam **mit verteilten Rollen lesen.** Die Schauspieler wissen dann schon, was auf sie zukommt und prägen sich den groben Ablauf ein. Dabei sind weder Aussprache noch Mimik wichtig.

2. Körper aktivieren:

● **Ruhe und Bewegung**

a) Alle Spieler legen sich im Kreis flach mit dem Rücken auf den Boden. Wir stellen uns vor, dass ein **Magnet** uns von der Decke her anzieht. Jeder soll nun in seinem eigenen Tempo und mit seinen eigenen Bewegungen in die aufrechte Position kommen. Die Übung ist beendet, wenn sich alle ganz dicht am »Magneten« befinden.

b) Je zwei Spieler stellen sich einander gegenüber auf. Der eine ist das **Spiegelbild,** der andere, der der sich im Spiegel anschaut. Das Spiegelbild versucht die Bewegungen und die Mimik des anderen genau nachzumachen. Man sollte mit langsamen Bewegungen beginnen und sich erst nach und nach steigern. Nach einer gewissen Zeit kann gewechselt werden. Hier lernt man sich ganz genau zu beobachten und sensibilisiert seinen Körper.

- **Atmung (wichtig für eine kräftige Stimmführung)**

Wir **hecheln wie Tiere** in der heißen Sonne. Das lockert unseren Bauchraum und hilft uns gegen übermäßiges Einatmen. Wir wiederholen die Buchstaben **P-T-K** und **F-S-Sch**. Dabei spüren wir unser Zwerchfell.

- **Sprache**

a) **Vokalübung**: Wir sprechen (oder singen) laut und deutlich folgendes Lied nach, um die richtige Aussprache der Vokale zu trainieren: Heut kommt der Hans zu mir, freut sich die Lies. Ob er aber über Oberammergau oder aber über Unterammergau oder aber überhaupt nicht kommt, ist nicht gewiss.

b) Wir gehen durch den Raum. Wenn der Anspielleiter eine **Stimmung** angibt (z. B. traurig, ruhig, ängstlich, schmeichlerisch, militärisch, freudig usw.), begrüßen wir die uns am nächsten stehende Person und stellen uns ihr entsprechend der Ansage vor.

3. Jetzt versuchen wir, zuerst mit, dann **ohne Text, das Stück durchzuspielen**. Der Anspielleiter fungiert als Stichwortgeber und korrigiert das Spiel der Darsteller. Dabei ist es erlaubt und gewollt zu **improvisieren**. Das heißt, wir versuchen die Szenen so zu spielen, wie wir uns selbst in diesem Kontext verhalten würden und benutzen dabei auch unsere eigenen Worte. Dadurch verstehen wir besser, was die Szenen aussagen wollen.

■ Um von einer Oberflächlichkeit unseres Spiels wegzukommen, versuchen wir, uns ganz in die Szene hineinzuversetzen. Das hört sich einfach und selbstverständlich an, fehlt aber gerade den meisten ungeübten Spielern. **Wir versuchen, den Charakter der Rolle zu erschließen.** Dazu stellen wir uns die verschiedensten Fragen zu unserer jeweiligen Rolle:

Z. B.: Wen stelle ich dar? An welchem Ort spielt das Geschehen? Wie sind die Umstände (z. B. Jahreszeit, Tageszeit usw.)? In welcher Weise bin ich durch meinen Bühnencharakter mit den anderen Rollen verbunden? Was macht meine Rolle besonders? usw.

■ Ansonsten müssen folgende Punkte grundlegend beachtet werden:

1. **Aufeinander achten** und sich bei Dialogen auch tatsächlich anschauen.
2. **Deutliche Aussprache,** Mund weit öffnen, Endsilben nicht verschlucken, kein hastiges Sprechen.
3. Dem **Publikum nicht den Rücken zudrehen.**
4. **Nicht vor anderen Darstellern stehen.**
5. Die **Bewegungen** müssen **gut sichtbar** und deutlich sein.

■ Zur zweiten Probe sollten alle Darsteller ihren **Text auswendig können.** Hier einige praktische Tipps:

1. Die Textstellen farbig markieren (z. B. **Leuchtmarker**)
2. Den **Text der Partner** grob mitlernen. Dann sind wir nicht nur von einem Stichwort abhängig, können individuell reagieren und behalten auch unseren Text besser.
3. Kennzeichnen der Rolle durch **Symbole.** Wenn wir z. B. Wut spielen sollen, können wir dazu einen Blitz zeichnen, bei einer Szene, die Liebe zum Partner ausdrücken soll, ein Herz usw.

Aufführung

Anspielleiter und Darsteller sollten rechtzeitig vor der Aufführung am Veranstaltungsort sein.

1. Wie wird die **Bühne** bei der Aufführung aussehen? Wo werden die Requisiten platziert? Wo stehen die Requisiten während der Veranstaltung? Wer baut die Requisiten auf?

2. Der Anspielleiter verdeutlicht noch einmal kurz, wie die Schauspieler sich auf der realen Bühne bewegen sollen. In einem **Schnelldurchlauf** wird das Stück ein letztes Mal besprochen. Der Anspielleiter kann auf wichtige Stellen noch einmal hinweisen.

3. Ggf. **Mikrofone** ausprobieren und mit dem jeweiligen Techniker die Besonderheiten der Aufführung absprechen. Außerdem gilt:
   ▸ Wir halten das Mikrofon dicht am Mund (dafür sind die meisten ausgelegt), in einem Winkel von 90 Grad zum Körper.
   ▸ Das Mikrofon immer mit dem Originaltext, in Originallautstärke testen.
   ▸ Nicht ins Mikrofon pusten (Beschädigung der Membran)!

4. Gegen die Aufregung:
   ▸ Wir **konzentrieren** uns speziell **auf unseren ersten Redeteil**. Er ist entscheidend, mit ihm gewinnen wir das Publikum, und der restliche Text wird wie von alleine kommen.
   Bewusst den **Körper entspannen**: Ruhig tief ein- und ausatmen. Stirn, Schläfen und Nacken behutsam massieren. Außerdem machen wir einige Dehnübungen.

Und jetzt: Viel Erfolg!

DANKSAGUNG

Ich danke ganz herzlich dem Hänssler Verlag, der durch seine fortgesetzte Spontanität und Offenheit dieses neue Anspielbuch erst möglich gemacht hat.

Ein weiterer Dank geht an die Anspielgruppe des Albrecht-Bengel-Hauses in Tübingen, die durch ihr Spiel für mich immer wieder Inspiration und Bereicherung ist.

Mein besonderer Dank gilt meinem Hauskreis »Wörschip«, der Jakobuskirche Tübingen und den Geschwistern der Kirchengemeinde Ellerau, die mir mit Rat, Tat und Gebet in jeder Lebenslage beigestanden haben.

Ein großer Dank geht an Ulrich Scheffbuch, mit dem es einfach immer wieder großen Spaß macht zusammenzuarbeiten. Mein letzter und besonders großer Dank gilt meinem Mentor Volker Gäckle, der mir in der Verkündigung und Nachfolge Jesu immer wieder ein Vorbild und guter Ratgeber ist.